L'ÉDUCATION PATERNELLE

PROJET D'UN ÉTABLISSEMENT

A FONDER

AU VÉSINET

(PRÈS PARIS)

D'APRÈS LES NOUVEAUX PRINCIPES EXPÉRIMENTÉS EN FRANCE
ET A L'ÉTRANGER

AYANT POUR OBJET :

L'ÉDUCATION PAR LA SUPPRESSION DE L'INTERNAT;
L'ENSEIGNEMENT DES SCIENCES APPLIQUÉES, LA PRATIQUE DES LANGUES VIVANTES
PRÉCÉDANT L'ÉTUDE DU GREC ET DU LATIN;
LES HUMANITÉS, LA PRÉPARATION A L'ENSEIGNEMENT SUPÉRIEUR

Par Alphonse PALLU

Chevalier de la Légion d'honneur (Exposition de l'Industrie 1849);
Ancien Membre et Secrétaire du Conseil général du Puy-de-Dôme;
Ancien Maire de la commune de Pontgibaud (Puy-de-Dôme);
Fondateur de l'Usine de Produits chimiques de Portillon, près Tours:
Ancien Directeur-Gérant des Mines et Fonderies de plomb argentifère de Pontgibaud (Puy-de-Dôme)
Fondateur de l'Industrie des Marbres onyx d'Algérie;
Fondateur-Directeur et Maire du Vésinet (Seine-et-Oise).

Nouvelle édition.

PARIS

CHEZ L'AUTEUR
Rue Taitbout, 63

1876

L'ÉDUCATION PATERNELLE

PROJET D'UN ÉTABLISSEMENT

A FONDER

AU VÉSINET (près Paris)

D'après les nouveaux principes expérimentés en France et à l'Etranger

Au milieu des agitations de notre pays et parmi les moyens de lui faire reconquérir sa stabilité, il en est un sur lequel s'accordent tous ceux qui s'occupent des grandes questions sociales, je veux parler de la réforme de l'éducation.

Réformer la société par l'enfant, — faire une génération nouvelle, — développer dans cette génération les qualités effectives et positives qui la rendront forte, — lui donner l'instruction qui lui permettra d'utiliser ses forces, la rendre capable de surmonter les difficultés de la vie; — tel est le projet que l'industriel dans sa carrière, le philosophe dans ses réflexions, le père de famille dans sa sollicitude, a conçu et va développer.

Les idées que je vais exposer ne sont pas nouvelles; elles sont, depuis longtemps, pour la plupart, l'objet des méditations de tous les hommes sérieux, et si elles ne se sont pas encore réalisées, c'est que nous sommes lents en France à changer nos habitudes, qu'aucune réforme ne peut s'y accomplir si elle n'a pénétré profondément dans l'opinion publique.

Bien des tentatives ont déjà été faites, mais elles n'ont jamais abouti qu'à un résultat incomplet, parce que ceux qui les avaient conçues n'ont pas tenu suffisamment compte de la double question de l'éducation et de l'instruction qui sont et doivent rester inséparables : l'éducation a surtout pour objet le développement des forces physiques et morales, la formation des caractères, le savoir-vivre, le savoir-faire ; l'instruction a pour but principal la culture de l'esprit.

Ces deux conditions qui devraient toujours êtres réunies et qui, malheureusement, ne le sont presque jamais dans notre pays, constituent la véritable culture de l'homme, et c'est une grande erreur de confondre l'instruction avec l'éducation et réciproquement. Je ne saurais trop insister sur ce point pour prémunir les pères de famille contre une si déplorable confusion.

L'état d'infériorité dans lequel se trouve chez nous l'éducation à l'égard de l'instruction tient à des causes multiples, mais surtout : à l'imperfection du système suivi dans notre pays pour le classement des capacités exigées pour entrer dans les carrières libérales ; à l'insuffisance des moyens matériels d'exécution.

Tout se classe en France par l'examen au grand détriment de la chose publique, faute de comprendre que si l'examen, en admettant toutefois qu'il a été bien fait, peut constater qu'un homme sait, il est impuissant à constater qu'il sait faire !

Le savoir, fruit de l'instruction est l'instrument; les qualités effectives et positives, fruits de l'éducation, sont la force qui le fait agir ; ne nous étonnons donc pas de tous les mécomptes de chaque jour dans l'emploi des hommes qui n'apportent que des diplômes comme garantie de leur capacité.

L'industrie privée ne s'y trompe pas ; elle recherche avant tout les qualités dont un homme a déjà fait preuve, avant de l'appeler à elle.

Cette question a été traitée avec une grande force par M. Rohart, un manufacturier de mes amis, dans un petit opuscule qu'il a publié en 1872, sous le titre : *Questions générales de l'Enseignement.*

Il dit dans un de ses chapitres : « Le capitaliste qui commandite un jeune » homme, le patron qui laisse à un brave garçon une suite d'affaires, la Banque » de France elle-même, qui donne toute sa confiance à un censeur, s'inquiè- » tent ils des certificats d'études et des diplômes ? Ils ne recherchent qu'une » chose : des qualités, et ils ont raison. »

Les tentatives faites en France pour reformer les méthodes de la culture de l'homme, remontent au commencement de notre siècle ; mais malheureusement elles se sont plus particulièrement attachées à l'instruction. C'est ainsi que nous avons vu faire successivement, sans grand profit pour l'*éducation*, divers essais de bifurcation, pour aboutir à l'enseignement secondaire spécial, fondé par la loi du 21 juin 1865.

En Angleterre, en Amérique, ces pays de la vie pratique par excellence, on se préoccupe surtout, au contraire, de l'*éducation* ; nous allons voir les résultats qu'en obtiennent nos voisins.

J'ai lu avec la plus grande attention tous les documents qui se rattachent à l'exécution de la loi sur l'enseignement spécial. J'ai lu aussi les rapports que M. Duruy, à l'époque où il était ministre de l'Instruction publique, se fit adresser : en 1865, par M. J.-M. Baudouin, sur l'état de l'enseignement spécial et de l'enseignement primaire, en Belgique, en Allemagne, en Suisse ; et plus tard, en 1868, par MM. Demogeot et Montucci, sur l'enseignement secondaire en Angleterre.

J'ai étudié, avec le plus grand soin, les ouvrages si intéressants et si instructifs de M. Hippeau, sur l'instruction aux Etats-Unis, en Angleterre, en Allemagne, en Italie, dans les Etats du Nord.

Le rapport de M. Baudouin s'applique plus particulièrement aux méthodes d'enseignement, à la diffusion de l'instruction dans les pays qu'il a visités.

Les ouvrages de M. Hippeau témoignent de l'importance que les peuples civilisés attachent aujourd'hui à la diffusion de l'éducation et de l'instruction. Son livre sur les Etats-Unis surtout, nous montre ce peuple usant de la plénitude de sa liberté, pour donner à tous, sans exception, les bienfaits d'un enseignement qui, en confondant dans un même esprit les différentes races dont il est formé, à fait sa force et sa prospérité.

Le rapport de MM. Demogeot et Montucci a surtout pour objet l'*éducation.*

« L'école anglaise, dit ce rapport, est un hameau dont les divers bâtiments » dispersés çà et là se groupent, dans un désordre capricieux et pittoresque, » autour de l'édifice qui contient les classes. »

Plus loin : « En Angleterre, l'éducation est d'ordinaire excellente, tandis que » l'instruction semble généralement incomplète.

» Elle est paternelle sans être amollissante, sévère mais non pas tracassière, » religieuse sans bigoterie, morale sans affectation. Elle semble avoir résolu » le problème difficile d'unir la discipline avec la liberté. Elle atteint un dou- » ble résultat que manquent quelquefois des systèmes de surveillance plus » continue ; elle fait en sorte que les élèves ne haïssent point l'autorité et » peuvent se passer d'elle.

» La grande affaire de l'*éducation*, aux yeux de la majorité des instituteurs » anglais, c'est de former la volonté. Ils pensent avec raison que l'homme » puissant est moins encore celui qui sait que celui qui veut.

» Savoir vouloir, savoir agir, c'est aux yeux des Anglais le but suprême où
» l'éducation doit amener l'homme.

» L'école est chez eux l'apprentissage de la vie plutôt que de la science. »

Le système de l'éducation anglaise supprime l'internat et tend à rendre,
autant que possible, le travail attrayant ; c'est un des grands avantages de
cette éducation. Elle évite ainsi l'écueil du découragement, qui s'empare souvent de l'enfant dans nos lycées et pèse sur toute son éducation.

La gymnastique et surtout les jeux athlétiques jouent un rôle très important chez nos voisins ; ils sont pour eux un moyen puissant de développer
l'énergie, l'agilité et la force physique. Nous devrons les imiter, mais les nécessités du temps malheureux dans lequel nous vivons, nous imposeront de
plus les exercices militaires qui sont eux aussi de la gymnastique. Je voudrais
y joindre encore l'enseignement pratique de la culture de la terre par le jar-
dinage, car l'agriculteur intelligent qui voit s'accomplir chaque jour sous ses
yeux les grands phénomènes de la nature, y prend l'habitude de l'observation,
élève son âme à Dieu et devient meilleur.

MM. Demogeot et Montucci se plaignent bien un peu de la trop grande pré-
pondérance accordée, en Angleterre, à l'éducation sur les études, mais de notre côté, en négligeant l'éducation, n'abusons-nous pas beaucoup trop de ces
mêmes études, de leur aridité et de la discipline ?

Quant à moi, je ne serai jamais inquiet d'un jeune homme qui possédera
des qualités ; je ne serais pas sans soucis, au contraire, sur l'avenir de celui
qui n'aurait que de la science.

En fondant l'enseignement secondaire spécial, le promoteur de la loi du
21 juin 1865, a voulu deux choses : d'abord, « suivre le monde du côté où il
marche, » combattre ensuite le préjugé qui porte, par une vanité mal enten-
due, tant de familles à « mettre dans les classes latines des enfants que n'y
appellent ni leurs aptitudes, ni les professions qui les attendent. »

L'enseignement secondaire spécial résout le problème de l'enseignement à
l'égard des spécialistes, mais il le laisse entier à l'égard de l'éducation, et il
néglige ainsi ceux qui peuvent devenir un jour des hommes dirigeants ; ce
côté de la question est bien plus important que l'autre.

Je crois que toute la réforme de l'enseignement est là.

Chez nos pères, quand tout ce qui comptait en France tenait dans Versailles,
ainsi que le dit si bien M. Duruy dans une de ses circulaires relatives à la
fondation de l'enseignement spécial, on ne connaissait qu'un système d'éducation ; ce système n'avait d'autre but que de former « cette société polie, élé-
» gante, raffinée, qui donnait le ton à toutes les cours de l'Europe. »

Aujourd'hui cela ne suffit plus, car la France entière est à peine assez
grande pour contenir tout ce qui a de la valeur. Ce ne sont pas les raffinés
sans doute qui produisent cet encombrement.

Nos pères brillaient, il est vrai, par les qualités de l'esprit, elles suffisaient
à leur époque et elles doivent être précieusement conservées, mais il faut, de
nos jours, y joindre les qualités utiles ; car ce sont ces qualités qui ont commencé le développement de la richesse publique que nous admirons aujour-
d'hui, et qui le continuent si merveilleusement sans le concours des raffinés
d'esprit, et souvent malgré eux.

Comment se fait-il alors que c'est encore l'éducation de nos pères qui forme
les classes dirigeantes ?

Beaucoup d'hommes, n'ayant reçu que l'enseignement spécial, peuvent man-
quer des larges conceptions, fruit des hautes études ; ceux-là pour la plus part
restent des instruments ; mais ils servent toujours les intérêts de leurs pays
aussi bien que leurs intérêts propres ; tandis qu'au contraire, ceux qui n'ont fait
que des études purement spéculatives, sans avoir été initiés aux sciences utiles

ni reçu une forte éducation, restent souvent des déclassés, nuisibles à la société et à eux-mêmes. C'est ce point capital que je vais examiner.

Ces hommes apportent, il est vrai, dans le monde élégant, dans la société, tout ce qui fait le charme de l'esprit ; ils entretiennent le sentiment du beau, le culte des hautes pensées. Quelques-uns font, de loin en loin, la gloire de leur siècle, et leur rôle serait certainement le plus enviable, si les conditions de notre société, où toutes les fortunes s'amoindrissent sans cesse par le double effet des partages dans les successions et de l'abaissement continu de la valeur de l'argent, ne nous imposaient, à tous, la loi du travail productif.

Qu'arrive-il alors ? Ceux qui se sont livrés aux seules études littéraires ou de science pure, sans tenir un compte suffisant des connaissances qui conduisent à l'utile, ne pouvant entrer dans les carrières libres, se jettent dans les fonctions publiques, qu'ils encombrent, en n'y apportant aucune des notions et des aptitudes indispensables pour leur permettre d'apprécier sainement les hommes et les choses qu'ils seront appelés à administrer ou à juger un jour ; et cependant, ces hommes et ces choses sont toute la fortune publique.

C'est ainsi que l'industrie, se heurtant sans cesse contre une administration composée souvent d'hommes éminents, sans doute, mais ne possédant que des connaissances purement spéculatives, s'est vue et se voit chaque jour arrêtée dans son développement, parce qu'elle rencontre constamment sur son chemin, en France surtout, des hommes qui ne parlent ni ne comprennent sa langue.

Cet obstacle à la prospérité de notre pays disparaîtra, le jour où l'enseignement des sciences utiles précédera celui des humanités et leur servira de base.

On ferait ainsi la bifurcation en sens inverse de celle qui est tombée en désuétude et qui était fatalement vouée à l'abandon, parce que partant d'une idée qui pouvait être vraie autrefois, mais qui est fausse aujourd'hui, elle commençait par la latinité que tout le monde n'est pas tenu d'apprendre, au lieu de fiinir par elle ; tandis que l'enseignement secondaire spécial est au contraire le fond commun de l'utile, que tout le monde instruit, sans exception, *doit nécessairement posséder de nos jours.*

Après les quatre années d'études que comprend l'enseignement secondaire spécial, les jeunes gens posséderaient la somme des connaissances strictement nécessaires qui leur permettraient, à la fin de cette première période de l'enseignement, d'entrer dans les affaires, de se livrer à l'industrie, au commerce et à l'agriculture.

Quant à ceux qui voudraient poursuivre leurs études pour aborder les examens indispensables maintenant à toute carrière libérale, ils suivraient les cours d'humanités ou de sciences, ils étudieraient l'antiquité et ses chefs-d'œuvre dans ces deux langues du grec et du latin qui seront toujours, quoi qu'on fasse, les modèles les plus parfaits de l'entendement humain, et ils deviendraient ainsi, les uns des littérateurs, des philosophes ou des savants; les autres des hommes dirigeants distingués, dans les carrières publiques aussi bien que dans les carrières privées, suivant le degré plus ou moins élevé de leurs qualités effectives et positives; d'autres enfin, resteraient simplement des hommes du monde élégant.

Ainsi disparaîtrait ce préjugé qui attache eux études purement littéraires une importance et une considération dont elles pouvaient bien être dignes autrefois, mais qu'elles ne peuvent conserver aujourd'hui si on n'y joint les connaissances utiles et productives dont ne peut plus se passer la société moderne.

L'enseignement en général semble n'avoir pour but que de former des spécialistes ; je désire bien davantage, quant à moi, faire avant tout des hommes au moyen d'une forte éducation.

En effet, dans l'état avancé où se trouve aujourd'hui l'industrie, les spécialistes ne manqueront plus, et l'enseignement public viendrait-il à faire défaut, qu'ils surgiraient tout naturellement, dans les usines, dans les ateliers ; car, sous la pression de la nécessité, on trouverait bien le moyen de les former si, surtout, les entreprises privées n'avaient à leur tête que les hommes forts, instruits et éclairés que j'ai en vue.

Ce qui manque à l'industrie, ce qui manque à l'Etat, ce sont ces hommes que ne peut former l'instruction publique telle qu'elle est actuellement constituée en France. Que notre pays en ait beaucoup, il aura comme conséquence et tout naturellement, tous les spécialistes qui lui seront nécessaires.

Si nous jetons les yeux autour de nous, que voyons-nous ? Des hommes d'affaires consommés, de fins politiques, connaissant parfaitement, les uns et les autres, le jeu des intérêts humains, qui se combattent et cherchent à se tromper, mais combien apercevons-nous de grands administrateurs publics ou privés possédant à un égal degré la double science des hommes et des choses ?

Dans les conditions actuelles de l'enseignement, la France possède beaucoup d'hommes spéciaux, mais les hommes d'iniative s'imposant aux autres par la double puissance de leurs qualités et de leur savoir sont rares, rares surtout parce que notre système d'éducation ne sait ni les faire surgir ni les former.

L'homme appelé à commander aux autres doit, avant tout, posséder des qualités ; non-seulement celles que donnent les fortes études, mais encore et surtout celles qui impriment à son intelligence l'esprit général des sciences appliquées, et développent en lui l'élévation de l'âme et le sentiment instincitf permettant de juger et d'agir sainement.

C'est par les qualités en effet, que les hommes deviennent forts, aussi leur éducation doit-elle tendre constammet à les développer en eux ; car ce serait se méprendre étrangement que d'attribuer à l'instruction seule, une influence décisive sur la valeur sociale d'un homme.

Et quand je parle de qualités, je n'ai pas seulement en vue celles qu'enseigne la morale ; je me préoccupe principalement ici des qualités actives et positives qui donnent la volonté, le sentiment du devoir et de la responsabilité, l'énergie, la ténacité, l'esprit d'observation, les bonnes manières, le savoir-faire ; toutes celles enfin qui complètent, en le rendant utile à lui-même et aux autres, l'homme de bien qu'a fait la morale.

De toutes les réflexions qui précèdent, je conclus que l'établissement à fonder au Vésinet devrait être établi :

1° Quant à l'éducation : d'après la méthode anglaise qui supprime l'internat et le remplace par des familles écolières vivant dans d'agréables villas au nombre de dix à quinze élèves au plus, sous la direction d'un éducateur (d'un *tuteur*, comme on dit en Angleterre), qui conduit ses élèves aux classes d'un établissement central doté de tous les moyens d'instruction les plus complets.

2° Quant à l'instruction : d'après les programmes tels que ceux de l'enseignement secondaire spécial suivi des cours d'humanités et de ceux de l'enseignement supérieur.

Ces familles écolières, qui seraient la base de l'éducation donnée à la jeunesse dans l'Etablissement du Vésinet, et que les parents choisiraient en toute liberté, afin de ne confier la direction de leurs enfants qu'à un éducateur dont les croyances et les idées seraient en parfait accord avec les leurs, offriraient à tous une grande sécurité, et, pour les étrangers en particulier, une grande ressource.

En effet, leurs enfants, groupés par nationalités, profiteraient des avantages d'une émigration momentanée sans quitter leur patrie ; car ils retrouveraient leur pays dans la famille au milieu de laquelle ils vivraient.

Ces différentes familles écolières, unies entre elles par le lien commun de l'enseignement qu'elles iraient toutes recevoir dans l'établissement central, amèneraient facilement, il n'ent faut pas douter, la diffusion des langues, si

les rapports entre écoliers parlant des langues différentes étaient bien déter-
minés par le réglement.

En outre, ces rapports journaliers entre jeunes hommes de différentes nations, les frottements qui en résulteraient tantôt dans les classes, tantôt dans
les jeux gymnastiques, formeraient les caractères sans exclure, comme aujourd'hui, les avantages moraux et matériels de la vie de famille et crée-
raient, pour chacun d'eux, des points de comparaison profitables ainsi que des
amitiés durables, d'où naîtraient souvent des relations d'études et d'intérêts
utiles à eux-mêmes aussi bien qu'à leurs pays réciproques.

*Éducation servant de base à l'instruction, — enseignement des sciences
utiles concurremment avec la pratique des langues vivantes précédant l'é-
tude du latin et du grec, — les humanités et l'enseignement supérieur cou-
ronnant l'édifice ; — telle est en résumé la réforme que je me propose de
réaliser en fondant l'Établissement du Vésinet.*

Pour l'application pratique des idées que je viens d'exposer, j'ai dû naturellement consulter parmi tant d'hommes capables que possède l'enseignement,
quelqu'un qui, par son expérience, la hauteur de ses vues et l'honorabilité de
son caractère, serait disposé à m'aider de ses lumières.

Le fonctionnaire émérite auquel je me suis adressé et qui, dans ces dernières années a été appelé à fonder et à diriger une de nos grandes écoles
publiques, a bien voulu me fournir tous les documents économiques relatifs à
l'administration d'un grand établissement d'enseignement. C'est avec le concours de son expérience que j'ai arrêté, avec mon architecte, M. Armand Bu-
raud, les plans du nouvel établissement que j'ai en vue.

C'est à lui, enfin, que je dois la notice suivante qui en comprend toute l'é-
tude pédagogique, et que je reproduis textuellement.

Je le remercie sincèrement du concours si dévoué et si désintéressés qu'il
a bien voulu me donner et je le fais du plus profond de mon cœur.

ETUDE PEDAGOGIQUE

CHAPITRE Ier.

CONSIDÉRATIONS GÉNÉRALES

« Parmi les questions sur lesquelles doit se porter actuellement l'attention
» de la France, celle qui a pour objet la réforme de l'instruction publique est
» une des plus importantes.

» Il ne faut pas perdre de vue que c'est l'ignorance et la présomption qui
» qui nous ont rendus inhabiles à soutenir le choc de l'invasion étrangère et
» nous ont précipités dans les horribles folies de la guerre civile.

» Cette vérité semble maintenant généralement comprise. — Seulement, ha-
» bitués depuis longtemps à nous sentir gouvernés par une autorité forte-
» ment constituée, s'étendant du centre aux extrémités, nous nous y aban-
» donnons trop volontiers, attendant toujours qu'elle nous donne la solution
» de toutes les questions destinées à assurer le bien-être physique et le déve-
» loppement intellectuel et moral de la jeunesse.

» Les réformes que nous regardons comme nécessaires dépassent certaine-
» ment la portée de celles que l'on peut attendre de l'initiative ministérielle,
» parce qu'elle est obligée de compter sérieusement avec les faits accomplis,
» les positions acquises et les exigences des traditions, contre lesquelles une

» administration, quelque résolue quelle soit, ne peut essayer de lutter sans
» rencontrer des obstacles souvent insurmontables.

» Tout ce que nous pouvons espérer du gouvernement, c'est qu'il profite,
» dans l'intérêt général, des exemples que lui donne le zèle des particuliers.

» C'est ainsi que nous l'avons vu accepter et généraliser avec sollicitude
» l'établissement des caisses d'épargne, fondées par la philanthropie privée,
» et prendre sous sa protection immédiate, en les rattachant au système ad-
» ministratif de l'instruction primaire, les salles d'asile, créées d'abord par la
» haute prévoyance et les généreux efforts des meilleurs citoyens.

» Nous croyons qu'il en sera de même pour les améliorations qu'exige l'é-
» ducation nationale. Vingt ouvrages écrits sur cette matière ne produiront
» pas autant de résultats que les écoles fondées sur des plans nouveaux.

» Que ces écoles-types, que ces fermes expérimentales de l'intelligence, s'il
» nous est permis d'employer cette expression, réussissent et prospèrent,
» qu'elles soient appuyées par l'opinion publique, et bientôt le gouvernement
» s'empressera de faire, dans ses établissements, l'application des nouvelles
» méthodes; et alors, dans l'intérêt du pays et de l'humanité, sera accompli
» un progrès auprès duquel bien des réformes sollicitées par les hommes poli-
» tiques n'ont qu'une valeur secondaire.

» De nos jours, lorsqu'un père de famille veut faire élever ses enfants, il
» les envoie dans un lycée ou quelque établissement scolaire du même genre.
» Il s'adresse au directeur et lui confie ce dépôt sacré : *un enfant dont ce-*
» *lui ci consent à se charger pour en faire un homme.*

» Ce directeur est d'habitude une personne de mérite, ayant obtenu la posi-
» tion qu'il occupe en récompense de ses talents et de ses services.

» Il prend le nom de l'enfant qui lui est confié; il en a plusieurs centaines,
» quelquefois près d'un millier sous sa direction; il indique la classe dans
» laquelle il conviendra de le faire entrer, et le père de famille s'en va satis-
» fait et plein de confiance, en se disant : « Mon fils est placé dans une des
» maisons d'éducation les plus en vogue; il se trouvera là dans les meilleures
» conditions possibles. »

« Voyons donc si les conditions dans lesquelles est placé cet enfant consti-
» tuent une éducation véritable, propre à développer ses forces *physiques,*
» *morales et intellectuelles.* »

CHAPITRE II

ÉDUCATION

§ I. — *Éducation physique.*

» En ce qui concerne son développement physique, bornons-nous à esquis-
» ser rapidement, après M. Victor de Laprade, le tableau d'une des journées de
» cet écolier.

» Levé à cinq heures du matin en été, à cinq heures et demie en hiver, l'é-
» lève, après une courte toilette et la prière d'usage, est enclavé entre un
» banc et une table pour deux heures environ.

» De sept heures et demie à huit heures le déjeuner laisse quelques minutes
» à la récréation, si l'on peut appeler ainsi un temps trop court pour entre-
» prendre aucun jeu, aucun exercice réparateur.

» De huit heures à midi, sous divers noms, quatre heures d'immobilité et
» d'étude, coupées par le passage d'une salle à l'autre, qui se fait en rang et
» en silence.

» A midi le repas. Après la demi-heure de réfectoire (silencieux comme
» l'étude), on se rend pour la première fois du jour à l'air libre. C'est pour la

» plupart des établissements, tous placés dans les villes, une cour rarement
» vaste, entourée de bâtiments à plusieurs étages, dont le soleil ne visite les
» recoins que lorsqu'il est brûlant et d'aplomb, quo l'air ne balaye que lors-
» qu'il est glacé, en un mot une cour de prison.

» Là, nos élèves de quinze et quelquefois de sept ans ont enfin la permis-
» sion de secouer de leurs jeunes têtes le poids de la réflexion, de tendre et
» détendre leurs muscles perclus d'immobilité, et de tirer de leurs poitrines
» quelques-unes de ces joyeuses clameurs, un des besoins de l'enfance.

» Mais le tambour ou la cloche, après trois quarts d'heure, une heure au
» plus, de mouvement, de grand air et de repos d'esprit, ramène encore trois
» heures d'immobilité et de silence : à quatre heures ou quatre heures et de-
» mie, après le goûter, la même promenade, aussi variée que celle de l'écu-
» reuil dans sa cage, recommence pour une heure environ avec les mêmes
» incidents.

» C'est la récréation la plus longue de la journée, la plus grande conces-
» sion faite aux besoins de la vie musculaire. Après ce moment, tout est dit
» pour le repos de l'esprit et l'exercice des membres; l'étude qui suit va re-
» joindre le souper, puis la prière, puis le sommeil.

» En tout, onze heures *d'immobilité, de silence* et même *d'attention,* com-
» mandée sinon obtenue.

» Or, il s'agit d'enfants de sept, de dix, de quatorze, de dix-huit ans ; de
» jeunes garçons, à l'âge où l'action physique, l'exubérance de la vitalité, tous
» les exercices violents sont d'une nécessité impérieuse pour le développe-
» ment de l'homme.

» Onze heures *d'immobilité, de travail et de contention d'esprit* imposées à
» des garçons de quinze ans!

» Ces onze heures ne sont encore pour l'écolier que le temps le plus court
» de sa captivité quotidienne. Les *pensums,* les *retenues,* les *punitions* infli-
» gées à l'étourderie, à la paresse, au manque de sagacité et de mémoire,
» augmentent d'une heure ou deux la part de l'inertie musculaire pour un
» quart, un cinquième au moins d'élèves.

» De plus, si l'on cherche, dans les cours de récréation, l'apparence de
» quelque exercice corporel, celle d'un jeu, d'un divertissement quelconque,
» on voit le plus souvent des groupes de promeneurs où, de temps en temps,
» un éclat de voix, un bond subit, une course de quelques secondes, suivie
» d'une bousculade entre deux causeurs opiniâtres, rappellent encore qu'on
» est dans une cour de récréation.

» Un pareil système d'éducation n'a d'autre effet, on le comprend, que de
» soutirer aux muscles des enfants, à tous leurs organes, la vitalité et la force,
» pour les porter exclusivement sur le cerveau.

» C'est ce qui faisait dire aux maîtres anglais qu'*avec onze à douze heures
» par jour de classes et d'études, pendant lesquelles nos élèves restent sans
» mouvement, cloués sur leurs bancs et obligés à une application impossible,
» nous perdons considérablement pour la force physique sans gagner beau-
» coup pour l'intelligence.*

» Nous n'aimons pas, ajoutent MM. Demogeot et Montucci, ces promenades
» paisibles d'écoliers tournant gravement sur leur piste, et moins encore ces
» groupes de causeurs indolents qui s'abstiennent même de marcher. Si les
» jeux ont peu d'attrait pour nos élèves, qu'on les pousse au gymnase, à la
» salle d'escrime, au manége, à l'école de peloton. Que chacun choisisse à son
» gré, mais que tous soient actifs et se fatiguent; la santé, la moralité, l'é-
» tude même est à ce prix. »

§ II. — *Éducation morale.*

« Si de l'éducation physique nous passons à l'éducation morale, nous voyons

» que ce devoir ardu et, sans contredit, le plus difficile pour la formation de
» l'enfant, est presque exclusivement confié aux maîtres d'études.

» Ce n'est pas, en effet, le professeur qui pourra s'en charger malgré la lon-
» gue et consciencieuse préparation qui l'a rendu digne de la chaire qu'il oc-
» cupe, malgré le titre qu'il a le plus souvent de père de famille lui-même.

« Certes, nous ne voulons pas dire qu'un professeur, dans le labeur propre
» qu'il accomplit, ne puisse et ne doive exercer une influence utile sur l'édu-
» cation des élèves, et que par son esprit il ne puisse et ne doive aller jusqu'à
» leur cœur. Mais enfin, la plus grande et la plus large part de l'éducation, ce
» n'est pas lui qui en est chargé. Voulût-il s'en occuper, il ne le pourrait
» qu'imparfaitement. L'éducation est une œuvre d'intérieur, et le professeur
» vit au dehors; il ne vient qu'à des heures réglées.

» L'éducation est une œuvre individuelle, et le professeur ne voit ses élèves
» qu'en masse. D'ailleurs, l'instruction, qui est son but, est un domaine assez
» vaste, pour qu'il aime à s'y retrancher.

» Dira-t-on que l'œuvre de l'éducation est plus particulièrement celle des
» supérieurs auxquels appartient la direction suprême de l'établissement?
» Non. Ces personnages éminents surveillent, encouragent, réprimandent; ils
» donnent de bons avis; ils contribuent singulièrement, par l'ordre et le res-
» pect dont ils maintiennent les droits, à rendre l'œuvre de l'éducation
» possible. Mais, leur rang même, la multiplicité et la variété de leurs occu-
» pations, rendent peut-être leur part dans l'éducation des élèves moins
» considérable que celle du professeur.

» Ainsi, pour ne citer que les lycées, le proviseur se montre et parle dans
» les grands jours; c'est un événement quand un élève est appelé chez lui, et
» le censeur n'apparaît guère que comme le moniteur sévère de la discipline,
» la liste des punitions à la main,

» Le maître d'étude. Voilà l'homme de tous les jours et de tous les instants.
» Il suit les élèves partout, au dortoir, à la récréation, à la salle d'études; il
» veille sur leur sommeil, sur leur décence; il préside à leurs repas, à leurs
» jeux; il est le témoin de leurs altercations, de leurs amitiés ou de leurs
» antipathies; il est appelé vingt fois par jour à les avertir, à les réprimander,
» à punir leur légèreté ou leurs vices naissants; il connaît à fond leurs carac-
» tères, leurs mœurs, les détails les plus intimes de leur vie, les sentiments
» qu'ils ont dans le cœur pour leurs camarades et pour leurs maîtres.

» Le maître d'étude est donc celui de tous les maîtres qui retrace le mieux
» l'image du père de famille, puisqu'il ne se sépare point de l'enfant, et qu'il
» le suit et le surveille dans tous les moments; c'est lui qui, mieux que tous
» les autres, peut agir sur l'âme, sur le cœur des élèves, et former leur ca-
» ractère.

» Or, qu'exige-t-on de ceux qui aspirent à cette position importante? On doit
» assurément leur demander, plus encore qu'aux professeurs mêmes, une
» haute culture de l'esprit, afin qu'ils aient des idées d'autant plus justes et
» un tact d'autant plus délicat. On doit les choisir parmi les hommes les plus
» distingués de sentiments et de mœurs, vouloir avant tout qu'ils soient pé-
» nétrés de la grandeur de la mission à laquelle ils se vouent, et qu'ils se
» soient préparés à la remplir par une direction d'idées et par des études
» toutes spéciales.

» On doit enfin, pour attirer et retenir dans les établissements une classe de
» maîtres capables de satisfaire à des devoirs aussi difficiles qu'importants, se
» montrer généreux à leur égard, ne pas marchander leurs services, et les
» placer, par le traitement affecté à leur emploi, sur la ligne des fonctionnai-
» res les plus considérés, les plus utiles; enfin les rehausser aux yeux de
» tous, et à leurs propres yeux, par des marques de considération et par les
» perspectives favorables qu'on ouvre devant eux pour leur avenir. Malheu-

» reusement, tout cela n'est que le contre-pied de la réalité et la satire la
» plus amère de ce qui se passe.

» Les maîtres d'études peuvent se partager en deux classes : L'une se com-
» pose d'hommes d'une éducation commune, sans avenir, forcés par les né-
» cessités de la vie de prendre, faute de mieux, cet emploi qui leur assure,
» au prix des plus pénibles soins, un abri, des vêtements et du pain. Ils sont
» entrés dans une maison d'éducation comme ils seraient entrés dans l'octroi
» ou dans la police des marchés, parce qu'il faut qu'ils vivent.

» L'autre classe est formée de jeunes gens instruits, mais sans fortune, quel-
» quefois doués d'une énergie très louable, qui, ne pouvant suffire, sans ga-
» gner quelque argent, aux dépenses qu'exigent des études préparatoires,
» ont pris un jour une grande résolution; ils se sont condamnés à traverser
» pendant trois ou quatre ans la vie la plus semée de dégoûts, afin d'être en
» mesure plus tard d'aborder une des carrières libérales, peut-être même de
» s'ouvrir par les concours de l'agrégation celle de l'enseignement. De quels
» secours peuvent être pour l'éducation morale des hommes attirés dans les
» établissements par de tels mobiles ?

» Ceux qui arrivent pourvus d'un certain savoir, et avec la résolution de tra-
» verser le plus rapidement possible leurs pénibles fonctions, pour parvenir
» à un but plus en harmonie avec leurs goûts et leur capacité, ceux-là d'or-
» dinaire détestent leur position; ils en sentent toutes les amertumes et s'y
» résignent tristement, comme on se résigne au malheur. — Aigris par la
» nécessité qu'ils subissent, ils ne sauraient se pénétrer de cet esprit doux et
» affectueux que les soins de l'éducation réclament; ils sont le plus souvent,
» dans leurs rapports avec leurs élèves, d'une humeur sèche, d'une sévérité
» chagrine.

» Ceux qui, sans distinction aucune dans les habitudes et dans l'esprit, ont
» choisi cet état pour y user leur vie, comme ils l'auraient usée dans des
» emplois tout matériels, ceux-là se font un caractère et adoptent un rôle; —
» tantôt ils en viennent à une insouciance routinière, qui, s'accommodant de
» tout, leur épargne de sentir trop vivement tant d'ennuis et de déboires qu'ils
» ont à supporter; — ou bien ils contractent l'habitude d'un ton grondeur et
» des manières brusques par lesquelles ils se plaisent à intimider les enfants,
» et qui semblent parfois des réminiscences de la caserne ou de la prison.

» Il n'est pas ici question, remarquez-le bien, de confiance ni d'attachement ;
» l'éducation y est remplacée par la discipline, et l'action du maître sur
» l'élève est simplement réduite à un système de récompenses et de punitions.
» Or, à chaque instant, cette discipline est en contradiction avec les principes
» les plus simples d'une éducation rationnelle.

» Un élève a-t-il besoin des avertissements et des exhortations de la famille,
» à cause de sa mauvaise conduite, on le prive de sortie.

» S'agit-il de stimuler les paresseux ? On leur donne des pensums qui allon-
» gent encore le nombre déjà excessif des heures de travail et qui achèvent
» d'étouffer le peu de zèle qu'ils peuvent avoir gardé.

» Les fautes n'y sont, pour ainsi dire, jamais jugées en elles-mêmes, mais
» d'après la nécessité de maintenir l'ordre, d'après leur influence sur la masse,
» d'après le besoin de faire des exemples.

» Il existe, dit M. Bréal (et cette idée est le fondement de toute éducation),
» un art d'évoquer les forces qui dorment en chacun de nous et de les diriger
» vers le bien ; mais le système pratiqué y reste, pour ainsi dire, étranger.

» Voyez cet élève qui, mené par un domestique, descend de prison, ou
» regardez cette bande qui, revenant de la retenue, se répand bruyamment
» dans la cour, aux derniers moments de la récréation. Aucune bonne parole
» ne leur a été adressée. Une fois la punition subie, la tâche de l'éducateur
» eût été de les ramener au bien par quelques mots de réconciliation et d'es-

» pérance. Mais comment s'adresser à ce qu'il y a de plus intime dans l'homme,
» quand on se trouve en présence de groupes épais où figurent des vétérans
» de la retenue? Le grand nombre glace l'effet des paroles affectueuses comme
» il diminue l'amertume et la honte du châtiment. »

» Le grand nombre! Voilà bien l'un des plus graves inconvénients de l'édu-
» cation publique actuelle.

» Cette réunion d'une multitude d'élèves d'âges, de caractères, de conditions,
» d'éducation première, de pays même si différents, dans un même local, sou-
» mis à une même règle, à un même régime, à une même direction est, en
» effet, un véritable contre-sens. Ce n'est pas la réunion d'éléments si divers,
» en elle-même, qui est funeste à l'éducation, puisqu'il est impossible qu'il en soit
» autrement dans l'éducation publique; mais c'est surtout : cette uniformité
» toute mécanique avec laquelle les élèves sont conduits, qui ne parle pas à
» leur intelligence, et encore moins à leur cœur, parce que la règle, dans son
» application, ne tient aucun compte de la différence des esprits où des carac-
» tères, et a rarement égard aux motifs et aux intentions.

» Nous savons bien que toutes les apparences sont régulières dans un éta-
» blissement bien organisé; mais les nécessités mêmes de cette règle banale
» appliquée à tant d'esprits divers ne font-elles pas tort à l'éducation? Le fond
» n'est-il pas emporté par la forme, et cette régularité dans les mouvements
» ne fait-elle pas illusion sur cette autre règle intérieure, celle des âmes, qui
» ne s'apprend pas par des manœuvres?

» Le beau idéal de l'éducation n'est pas qu'un bataillon de jeunes enfants
» observe dans tous ses exercices une précision militaire: s'il est nécessaire
» d'éviter par là, dans les mouvements matériels, le désordre et la confusion,
» on peut douter cependant que les évolutions d'une discipline uniforme et
» rigide s'appliquent avec le même succès au développement de l'intelligence.

» Un simple mot de commandement peut bien ébranler des masses, rompre
» et former les rangs, etc.; mais la nature a-t-elle fait aussi cette variété
» d'esprits pour qu'ils soient soumis tous ensemble aux détails mathématiques
» d'une loi inflexible; pour que, du matin au soir, on ordonne, montre en
» main, tout ce que l'enfant doit penser et vouloir?

» Que serait-ce si, passant de cette direction des esprits qui, malgré leurs
» nuances, comportent encore cependant, dans une certaine mesure, une disci-
» pline commune et une moyenne quelconque d'instruction, nous en venions
» à chercher la place que peut occuper dans ces arrangements des heures où
» rien ne reste à déterminer, la partie la plus importante de l'éducation, celle
» du cœur et des sentiments, celle qui résulte, dans nos familles, de l'exemple
» journalier des parents et de leurs bonnes paroles appliquées à propos?

» Comme la discipline n'est qu'extérieure, sa vertu est, pour ainsi dire,
» toute négative. C'est un frein qui arrête et réprime, mais ce n'est pas une
» puissance qui réforme et améliore; c'est une compression morale qui peut
» enrayer pour un temps l'expansion de quelques vices, mais qui n'en détruit
» pas les germes.

» Elle est bonne tout au plus à faire plier sous les ordres de ses maîtres la
» volonté de l'enfant, dont le plus grand mérite est d'obéir, mais elle est
» impuissante à créer les motifs d'honorables déterminations; et elle laisse le
» cœur des jeunes gens dans un dénûment déplorable de sentiments et de
» principes propres à régler leur vie.

» La responsabilité n'existe pas pour eux, le collége s'étant fait leur tuteur
» pour toute chose. Aussi ne faut-il pas s'étonner si, une fois sortis du collège,
» beaucoup d'enfants, comme des chevaux échappés, se lancent en aveugles à
» travers la vie, se heurtent à toutes les bornes, et quelquefois s'y brisent.

» Ce n'est pas tout: on a dit depuis longtemps que les hommes, dans les
» grandes assemblées, ne mettaient pas seulement en commun leurs vertus et

» leurs bonnes qualités, mais surtout leurs défauts et leurs passions. Cela est
» encore plus vrai pour les enfants, qui se considèrent comme en pays ennemi
» dans nos établissements. Ils se soutiennent, s'encouragent mutuellement,
» s'excitent, se coalisent, et conspirent contre tout ce qui les contraint ; ils se
» passent secrètement les conseils, le mot d'ordre ou de ralliement ; agissent
» sourdement pour mettre en défaut la surveillance et la pénétration de leurs
» maîtres, évitant ainsi habituellement, non d'être fautifs, mais d'être décou-
» verts ou punis, et quelquefois cependant, bravant toute espèce de considé-
» ration, et allant jusqu'à la révolte.

» S'il faut définir le sentiment qui relie entre eux les élèves d'un collége,
» c'est le besoin de faire opposition à l'autorité.

» Dix ans de ce régime, pendant lesquels les enfants règlent tous leurs
» actes sur un règlement qui a tout prévu, et qui ne laisse à leur activité
» d'autre exercice que celui d'une obéissance passive ; ou bien s'habituent
» à la lutte entre ce règlement et leur volonté, par une guerre secrète dans
» laquelle l'enfant redouble de ruse à mesure que le maître multiplie ses
» précautions.

» Dix ans de ce régime ne nous expliquent-ils pas suffisamment l'hypocrisie
» servile ou la haine sourde contre l'autorité, l'esprit de critique et l'esprit de
» révolte que nous voyons trop souvent jusque chez des hommes d'une instruc-
» tion supérieure ?

» Des individus qui s'abandonnent ou se révoltent à l'excès, telle est certaine-
» ment un des résultats psychologiques produit par notre système d'éducation.

» Que ceux qui ne sentent pas les inconvénients d'un pareil système nous
» désapprouvent et nous combattent, nous n'avons rien à leur dire ; mais s'il
» en est d'autres dont les sentiments soient différents, qui déplorent le mal et
» cherchent un remède, que ceux-là veuillent bien nous venir en aide de tout
» leur pouvoir. (1)

§ III. — *Régime tutorial.*

» Pour obvier aux dangers et aux vices que nous venons d'exposer en par-
» tie sur l'internat nombreux et conserver en même temps certaines qualités
» que nous sommes loin de lui contester, vous vous proposez, Monsieur Pallu,
» de fonder à la campagne, aux portes de Paris, un grand établissement dans
» lequel l'internat sera supprimé, remplacé par des familles écolières établies
» en agréables villas, et composées d'un nombre restreint d'élèves sous la di-
» rection d'un tuteur qui pourra s'occuper alors utilement de tous, et n'en
» négliger aucun.

» Mandataire direct, représentant du père de famille, ce tuteur qui partici-
» pera à la vie commune, qui se mêlera à la vie intime des enfants, appren-
» dra bientôt, en effet, par lui-même, à connaître leurs tendances, leurs
» caractères, et saura parler à chacun, soit en public, soit dans le secret de
» son cabinet, le langage qu'il aura jugé le plus propre à le ramener.

» Comme il vivra au milieu des enfants confiés à ses soins, il pourra, dans
» les mille occasions qu'offre à chaque instant cette vie en commun, saisir les
» nuances des caractères, rectifier des erreurs, réprimer des écarts, prévenir
» des fautes, étouffer les mauvais sentiments dans leur germe, éveiller les
» bons et faire éclore les pensées utiles et généreuses, en un mot, faire l'édu-
» cation de l'âme et du caractère.

» Dans ces familles écolières, les enfants ignoreront les contrariétés et les
» assujettissements de la discipline ; la rigueur n'y sera employée que pour

____

(1) Les inconvénients de l'internat sont reconnus même par les membres du corps
enseignant, qui, comme nous, ne croient pas attaquer l'Université, cette vieille institu-
tion française, ni contester ses glorieux services, alors qu'ils tentent de l'entraîner
dans la voie du progrès. (A. P.)

» les cas extrêmes ; elle n'y sera pas nécessaire : car les enfants, suivis dans
» le détail par des regards de père, sauront ouvrir leurs cœurs et seront
» dociles à des influences dont ils sentiront les effets bienveillants; et comme
» on leur parlera au nom de Dieu et de leurs parents, ils aimeront parce
» qu'ils se sentiront aimés.

» Aux heures des classes, les élèves des diverses familles écolières se ras-
» sembleront au bâtiment central qui sera doté des moyens matériels d'ins-
» truction les plus perfectionnés, et là, ils se subdiviseront sous leurs profes-
» seurs respectifs.

» Après la leçon, chacun quittera de nouveau l'école pour se rendre dans
» la maison où il résidera, où il trouvera le couvert, la table, l'étude, la di-
» rection intellectuelle et morale.

» L'école étant placée en dehors de Paris, au milieu d'une riante campagne
» où les élèves respireront un air pur, dans un site agréable, vous éviterez
» cet étroit casernement qu'impose le séjour d'une ville populeuse.

» De plus, par votre système de pensions annexées à l'école, vous réaliserez
» le bienfait inappréciable d'offrir aux élèves les avantages du foyer paternel
» combinés avec ceux de la communauté ; vous assurerez à chacun d'eux pen-
» dant toute la durée des études un protecteur, qui restera ensuite leur ami
» et leur conseiller.

» L'enfant ne sera pas au foyer paternel, il est vrai, mais il sera dans un
» autre foyer, image de celui qu'il aura quitté; il vivra dans les habitudes
» d'une seconde famille et il y recevra ces mêmes enseignements de respect
» et de dignité, il y prendra le goût de l'initiative et de la responsabilité.

» La vie de famille telle que vous l'entendez facilitera d'ailleurs les rapports
» des parents avec leurs enfants;

» Elle n'exclura pas en outre la présence des camarades et les amitiés
» étrangères; elle permettra au contraire que les relations s'établissent entre
» les élèves d'autres familles écolières, très suffisantes pour éprouver les ca-
» ractères par le frottement des personnalités et pour engendrer des sympa-
» thies qui deviendront des amitiés véritables. Seulement, ces amitiés seront
» bien mieux choisies et bien autrement surveillées que les liaisons imposées
» dans les murs du collége, par les nécessités de la salle d'étude, du dortoir
» ou par les autres fatalités de l'internat.

» Les avantages d'un pareil système d'éducation dépendent, il est vrai, du
» caractère personnel des maîtres de ces familles écolières, du nombre de
» leurs pensionnaires et du temps absorbé par leurs travaux. C'est dire que
» tout le monde ne doit pas pouvoir tenir les pensions dont nous parlons.

» A cet égard, ce sont les autorités de l'école qui devront en décider. Il faut,
» en effet, que l'on soit très circonspect pour ce genre d'autorisation et qu'elle
» ne soit accordée que lorsqu'on sera certain que ces pensions seront un asile
» salutaire pour les élèves et qu'ils y trouveront comme un autre foyer do-
» mestique, un sanctuaire de la famille.

» Education distinguée dans laquelle la culture aura poli les dehors, délica-
» tesse et pureté de sentiments, caractère grave, bienveillant et sociable,
» dignité de mœurs, ce n'est qu'à ces conditions que vos élèves pourront re-
» cevoir l'empreinte de leurs tuteurs et sortir de leurs mains d'autres hommes
» que s'ils eussent été élevés sous la discipline inintelligente d'un maître
» d'études n'aspirant qu'aux qualités d'un bon gardien.

» Les sujets ne manqueront pas pour la tenue et la direction de ces fa-
» milles écolières.

» D'abord, les professeurs de l'école qui prendront le sage parti d'être des
» maîtres, dans toute la force du terme, et d'avoir chez eux, à leur table, dans
» leur intimité, un certain nombre d'élèves ou plutôt de pupilles.

» Ensuite, bon nombre d'anciens membres de l'enseignement qui seront

» bien aises de remplir, comme complément de leur éméritat, les fonctions de
» tuteurs. Tout à fait maîtres de leur temps, plus expérimentés, plus pater-
» nels, grâce à leur âge, ils seront certainement encore très-aptes à cette es-
» pèce de direction.

» Enfin, des ministres des différents cultes, des membres de congrégations
» ou de communautés religieuses, des familles particulières pourront être
» aussi très heureuses de s'associer à une œuvre si importante et si conforme
» aux besoins de l'éducation de la jeunesse.

» Sans nuire au régime tutorial et pour faciliter aux familles qui habitent
» Paris ou les environs du Vésinet, le moyen d'envoyer leurs enfants à votre
» école, tout en vivant avec eux, vous ferez bien de placer dans l'établisse-
» un réfectoire qui permettra à vos élèves de rester à l'école depuis huit
» heures du matin jusqu'à quatre heures et demie et d'y trouver les repas
» qu'ils auraient faits chez eux pendant ce temps de la journée.

CHAPITRE III

INSTRUCTION

§ I. — *Inconvénients du système actuel et des modifications à y apporter.*

» Tel est le programme général que vous devez vous tracer, ce nous sem-
» ble, au point de vue de l'éducation proprement dite. Nous venons de signa-
» ler les inconvénients des internats nombreux, nous avons montré comment
» vous pouvez vous proposer d'y obvier, il nous reste à indiquer maintenant,
» les réformes partielles que vous devez compter apporter dans le système
» actuel de l'instruction publique.

» Ce système a été depuis longtemps l'objet des plus vives attaques; suc-
» cessivement, les plus diverses critiques ont été formulées et contre l'esprit
» dans lequel il a été établi et contre son agencement partiel.

» Sans vouloir les rappeler ici, nous dirons de suite, qu'au lieu de ne don-
» ner l'enseignement secondaire spécial qu'à ceux seulement qui se destinent
» aux mille branches du commerce, de l'industrie et de l'agriculture, on de-
» vrait être bien plus soucieux de doter de cet enseignement, que nous appel-
» lerons plus volontiers, dans ce cas, *enseignsment intermédiaire*, ceux qui
» possèdent les qualités natives qui s'imposent aux autres et les placent à
» leur tête pour les diriger.

» L'enseignement *intermédiaire* et l'enseignement *classique* sont, à notre
» avis, deux cycles d'études qui doivent être envisagés ensemble, parce que le der-
» nier n'est, pour ainsi dire, que le prolongement du premier. Cette connexion
» intime des deux genres d'études est commandée surtout pour ceux que la
» double condition des esprits d'élite et de l'aisance oblige de s'instruire afin
» de fournir à la nation des têtes de colonnes aussi éclairées que possible.

» Donner satisfaction à la fois à ceux qui tiennent à ne pas voir descendre
» le niveau de ces hautes études, qui ont fait et qui font encore la gloire de
» l'esprit humain, et à ceux qui veulent que les générations modernes ne de-
» meurent pas étrangères aux conquêtes de la science dans le domaine des
» réalités physiques, tel est le but que vous devez vous proposer dans votre
» votre plan d'études.

» Ce but, vous pourrez l'atteindre au moyen d'un plan général formant une
» sorte d'échelle ascendante et continue, dont chaque degré, faisant suite à
» celui qui le précède, conduit à celui qui le suit.

» Sur cette échelle se coordonneront :

» *L'enseignement primaire*, indispensable à tous;
» *L'enseignement spécial* ou *intermédiaire*, nécessaire au plus grand nombre;

» *L'enseignement secondaire* ou *classique*, qui ne convient qu'à certaines
» classes de la Société.

» Chacun de ces degrés forme un tout complet que les élèves seront obligés
» de parcourir successivement s'ils veulent aller jusqu'au bout. Seulement, les
» uns pourront s'arrêter à un certain point du chemin parcouru; les autres,
» en plus petit nombre, à un point plus éloigné; les autres, en nombre encore
» plus restreint, atteindront le sommet et les dernières limites; mais à chaque
» fois, ils posséderont un cours complet d'instruction, quoique limité et pro-
» portionné, soit à l'âge des enfants, soit aux nécessités sociales qui les for-
» ceraient à s'en contenter.

» Ce système diffère de celui qui a été pratiqué jusqu'à ce jour en France,
» en ce qu'au lieu d'ouvrir aux élèves à leur sortie de l'enseignement pri-
» maire plusieurs routes *parallèles*, nous retardons le moment où, ayant par-
» couru ensemble un certain cercle d'études communes, ils doivent se séparer
» pour recevoir un enseignement plus approprié à leurs carrières futures.

» De même que la géométrie se fâcherait de voir dans une figure deux li-
» gnes destinées à être dans le prolongement l'une de l'autre et qui seraient
» menées parallèles entre elles, de même nous considérons comme un tort de
» continuer à laisser l'enseignement spécial ou intermédiaire marcher paral-
» lèlement avec le vieil enseignement classique.

» Nous savons par expérience tous les tiraillements qui existent entre ces
» deux voisins, tous les sujets de dissentiments qui divisent ces deux frères.
» L'aîné a toujours la crainte de perdre, et le plus jeune celle de ne pas ga-
» gner assez.

» Par ce système gradué d'études, destiné aussi bien aux jeunes gens qui
» aspirent aux professions libérales qu'à ceux qui se préparent à entrer dans
» les carrières industrielles, vous parerez à tous ces inconvénients.

» En effet, vos élèves, après leur enseignement primaire, c'est-à-dire à par-
» tir de l'âge de dix à onze ans jusqu'à quatorze ou quinze, recevront une ins-
» truction basée, avec des modifications jugées nécessaires, sur les program-
» mes de l'enseignement secondaire spécial, en sorte que :

» Ceux qui, à cette époque, abandonneront l'établissement, après des exa-
» mens de sortie, seront pourvus de connaissances réelles et immédiatement
» applicables.

» Tandis que les autres, continuant leurs études jusqu'à la fin, recevront
» cette forte et complète instruction que couronneront les diplômes de bache-
» lier ès-lettres, de bachelier ès-sciences ou l'admission aux écoles spéciales
» du gouvernement.

» Dans le premier degré de cet enseignement vraiment secondaire, on n'aura
» pas à se plaindre de voir sacrifier au profit du grec et du latin cette étude
» de la langue maternelle, des langues vivantes, des mathématiques, des
» sciences physiques et naturelles, de ce que nous appelons, en un mot, les
» réalités du monde, et l'on pourra sans inconvénient donner, dans le degré
» supérieur, tout le développement possible à cet enseignement classique dont
» nous sommes loin de révoquer en doute la nécessité et l'importance.

» Comme ce n'est pas sur l'étendue des programmes, auxquels la réalité ne
» répond pas toujours, que l'on doit apprécier un système d'études, mais bien
» sur la méthode rationelle avec laquelle on les applique, nous allons essayer
» d'en marquer les principaux traits.

§ II. — *Religion et morale.*

» Il est impossible, au début de tout système d'instruction, de ne point pla-
» cer l'idée religieuse. — Il faut parler de Dieu aux enfants, non-seulement
» pour le leur expliquer, mais surtout pour le leur faire aimer. — Vous devrez
» donc inspirer à tous un suprême respect pour le créateur de l'univers, un

» amour profond pour Celui dont émane la vie. Vous vous garderez de soule-
» ver devant eux aucune question dogmatique, ce sera l'affaire des ministres
» du culte auxquels les parents les confieront.

» Quant à la morale, c'est l'œuvre patiente de tous les instants ; l'apprentis-
» sage des devoirs que nous avons tous à remplir commence, en effet, pour
» l'homme, dès que les premières lueurs de la raison apparaissent en lui,
» pour se prolonger durant toute l'éducation et même pendant toute la vie.
» Nous ne concevons donc pas un maître ayant le sentiment de sa mission
» véritable qui ne doive consacrer ses soins à développer dans l'âme de l'é-
» lève le sens moral et l'amour de Dieu source de tout bien.

» Après avoir assuré pour vos élèves les principes religieux et moraux que
» nous considérons comme le fondement de toute bonne éducation, passons à
» votre système général des études.

§ III. — *Instruction primaire.*

» Votre enseignement comprendra :

» L'instruction morale et religieuse. (C'est dans les familles écolières que se
donnera l'instruction religieuse, comme il est expliqué p. 21, 3ᵉ §. A. P.)

» La lecture,
» L'écriture,
» La grammaire,
» Les langues vivantes : l'allemand ou l'anglais,
» L'arithmétique et le système métrique,
» L'histoire et la géographie de la France,
» Les leçons de choses (1),
» Le dessin,
» Le chant,
» La gymnastique.

» L'ensemble de ces études primaires se trouvera partagé en trois grandes
» divisions ou degrés : *division élémentaire, division moyenne, division su-*
» *périeure*, les programmes des cours de chacune d'elle s'étendant et s'éle-
» vant progressivement, en sorte que chaque division soit la préparation im-
» médiate de la division suivante.

» De ce que les matières de cet enseignement sont partagées en trois de-
» grés, il ne s'ensuit pas que tous les élèves devront franchir ces trois degrés
» en trois années ; cela dépendra de leur intelligence et de leur assiduité.

§ IV. — *Instruction intermédiaire.*

» Votre enseignement intermédiaire comprendra :
» L'instruction morale et religieuse,
» La langue et la littératur française,
» Les langues vivantes,
» L'histoire et la géographie,
» Les mathématiques appliquées,
» La physique, la mécanique, la chimie, l'histoire naturelle avec leurs ap-
» plications usuelles,

---

(1) « Les leçons de choses consistent dans un genre d'enseignement oral qui s'élève
» graduellement des notions les plus simples aux connaissances les plus importantes.
» Le professeur montre un objet à ses élèves ; il leur demande d'en examiner les diffé-
» rents aspects, d'en observer tous les détails, d'en dire les propriétés, les usages. Il rec-
» tifie les réponses, les complète, les généralise, montre comment elles peuvent s'appli-
» quer aux objets analogues. Ces leçons qu'on ne saurait trop répandre dans nos écoles,
» permettent de commencer de très bonne heure l'instruction générale de l'enfance ;
» elles développent l'attention, l'esprit d'observation, la réflexion et le raisonnement, en
» même temps qu'elles enrichissent le langage de l'élève d'une foule de mots qui sont
» autant de faits acquis par sa mémoire et de matériaux de connaissances utiles sur
» lesquelles peut s'exercer son jugement. »

» Le dessin linéaire et d'imitation,

» La comptabilité,

» La musique vocale,

» La gymnastique.

» Il pourra comprendre, en outre, dans les deux dernières années, les pre-
» miers éléments du latin pour ceux qui désirent poursuivre les cours de
» l'enseignement classique.

» Des notions usuelles de législation et d'économie rurale et industrielle, et
» d'hygiène.

» Des travaux d'atelier pour se faire l'éducation de la main, comme on se
» fait par la musique l'éducation de l'oreille, par le dessin celle des yeux, par
» la gymnastique celle du corps tout entier.

» Ces diverses connaissances, qui embrasseront quatre années, seront clas-
» sées et graduées dans l'ordre le plus naturel et le plus logique. On ne pré-
» sentera d'abord aux enfants que les éléments les plus simples, ceux qu'ils
» peuvent comprendre, puis on élèvera la portée des leçons de classe en classe.
» à mesure que l'âge, le travail et les connaissances déjà acquises dévelop-
» peront leur intelligence.

» Pendant toute la durée de cet enseignement, les professeurs devront di-
» riger constamment l'attention des élèves sur les réalités de la vie, les habi-
» tuer à ne jamais regarder sans voir, les obliger à se rendre compte des phé-
» nomènes qui s'accomplissent autour d'eux, et leur faire goûter si bien le
» plaisir de comprendre, que ce plaisir devienne un besoin pour eux ; ils de-
» vront, en un mot, développer dans l'enfant, l'esprit d'observation et le ju-
» gement.

§ V. — *Instruction secondaire.*

» Votre enseignement secondaire doit embrasser, comme complément de votre
» enseignement intermédiaire, toutes les connaissances nécessaires pour mettre
» les jeunes gens en état, soit de recevoir les premiers grades dans les lettres
» et dans les sciences et de suivre les cours des facultés, soit de se présenter
» aux écoles spéciales du gouvernement, soit enfin de fournir à ceux qui dé-
» sireront s'adonner à l'agriculture, à l'industrie, aux arts, au commerce, l'ins-
» truction la plus appropriée à leurs visées. De là, trois sections : la section
» littéraire, la section cientifique et la section commerciale, industrielle ou
» agricole.

» Les élèves qui arrivent dans ces sections ont fait dans l'enseignement in-
» termédiaire quatre années d'une première série d'études, de dix à quatorze
» ans, pendant lesquelles la maturité relative a commencé pour eux ; les pre-
» mières assises ont été posés et ils ont déjà certainement acquis une instruc-
» tion assez étendue sur les matières qu'il importe le plus de connaître.

SECTION LITTÉRAIRE

» Dans ces conditions, les élèves qui aborderont la section littéraire pour-
» ront facilement, avec les connaissances qu'ils ont acquises de la langue latine
» pendant les deux dernières années de l'enseignement intermédiaire, voir en
» quatre autres années, tant pour le grec et le latin que pour toutes les autres
» facultés, les matières exigées pour le baccalauréat ès-lettres, la dernière de
» ces quatre années appartenant à la philosophie.

» Nous avons toujours pensé qu'il n'était pas nécessaire d'employer sept ans
» à l'étude du grec et neuf ans à l'étude du latin. L'expérience qui a été faite
» à Cluny, celle que l'on a poursuivie avec un si grand succès au lycée de
» Mont-de-Marsan et dans les autres établissements du même genre, sont ve-
» nues confirmer nos prévisions et prouver que cinq ans suffisent pour l'en-
» seignement de l'un et de l'autre.

» Seulement, au lieu de faire commencer ces études dès l'âge de neuf à dix
» ans, il faut attendre que l'élève y ait été préparé par un enseignement plus
» conforme à sa nature, à ses aptitudes et à ses goûts.

» L'esprit des enfants est éminemment porté à l'observation. Ils sont
» curieux d'apprendre et retiennent avec extrême facilité ce qu'on leur en-
» seigne, surtout lorsqu'on a soin d'avance de piquer leur curiosité et d'éveiler
» leur intérêt. — Ce sont ces qualités que vous commencerez d'abord par mettre
» à profit, et ce n'est que vers l'âge de douze ou treize ans, lorsqu'ils sont déjà
» habitués à l'étude, que leur intelligence a été suffisamment développée, leur
» mémoire exercée, leur jugement mûri, que vous ferez entrer vos élèves dans
» le courant des grandes études classiques.

SECTION SCIENTIFIQUE

» En ce qui concerne les élèves de la section scientifique, le programme de
» leurs études est suffisamment tracé par celui des classes de mathématiques
» élémentaires et de mathématiques spéciales.

SECTION AGRICOLE, INDUSTRIELLE ET COMMERCIALE

» Enfin, la section industrielle, agricole et commerciale est une section dans
» laquelle seront admis les élèves qui, après avoir suivi votre enseignement
» intermédiaire et ne se destinant point aux carrières auxquelles on arrive par
» les baccalauréats et les grades des facultés, désireront se préparer à l'indus-
» trie, au commerce ou à l'agriculture par un enseignement plus complet et
» plus varié.

» Dans cet enseignement, on s'efforcera de combiner, dans une juste et sage
» mesure, les sciences et les lettres, et dans les sciences elles-mêmes, on
» veillera à ce que la théorie reçoive toujours la consécration des épreuves
» pratiques.

» D'après ce système général d'études, l'enfant qui vous sera confié à l'âge
» de sept à huit ans pourra, dès neuf à dix ans être prêt à suivre les cours
» de l'enseignement classique tel qu'il est pratiqué dans les lycées, ou bien
» entrer dans vos cours d'enseignement intermédiaire.

» Après vos quatre années d'enseignement intermédiaire, c'est-à-dire vers
» l'âge de treize à quatorze ans, l'élève possèdera les connaissances nécessaires
» qui dans les bureaux font un employé utile et peuvent même lui permettre
» d'être admis à l'*école des mines de Saint-Etienne*, à celle des *arts et métiers*
» et à divers services administratifs, tels que ceux des *ponts-et-chaussés*, des
» *agents-voyers*, des *chemins de fer*, de la *télégraphie*.

» Il aura pu s'y préparer aussi pour suivre votre enseignement secondaire
» qui, avec quatre ans de plus d'étude, c'est-à-dire à l'âge de dix-sept à dix-
» huit ans, l'aura suffisamment préparé pour les épreuves du *baccalauréat*
» *ès-lettres*.

» S'il suit les cours de la section scientifique, il pourra, à seize ans, se pré-
» senter pour l'*école navale*, à dix-sept ou dix-huit ans, subir les épreuves du
» *baccalauréat ès-sciences*, de l'*école militaire de Saint-Cyr*, de l'*école des
» eaux et forêts*, et de dix-huit à vingt ans devenir candidat à l'*école polytech-
» nique*, à l'*école normale supérieure*, à 'l*école centrale des arts et manufac-
» tures*, à l'*école des mines de Paris*, etc.

» Enfin, si, après vos quatre années d'enseignement intermédiaire, l'élève
» veut pousser plus loin ses connaissances préparatoires à l'*industrie*, au *com-
» merce* ou à l'*agriculture*, il pourra dans deux ans au moins et trois ans au
» plus, c'est-à-dire de seize à dix-sept ans, acquérir par les cours complémen-
» taires de votre troisième section une instruction théorique et pratique qui

» lui permettra d'obtenir promptement une supériorité marquée dans ces di-
» verses carrières.

§ VI. — *Conclusion.*

» Tel est en gros, et dégagé des détails qui serviraient à en faire mieux com-
» prendre l'importance, le système général d'enseignement que nous vous pro-
» posons de suivre.
» Préoccupé des résultats des méthodes suivies chez les autres nations,
» nous croyons, tout en conservant les points pour lesquels la France peut
» encore servir de modèle, devoir leur emprunter tout ce qu'il y a de bon et
» qui peut s'adopter à notre caractère, à nos mœurs, à notre état social.
» Nous ne changeons rien au total des années depuis le début jusqu'au
» terme de l'éducation. Ceux de vos élèves qui doivent aborder les carrières
» dites libérales n'ont aucun intérêt à quitter l'école avant l'âge de dix-huit
» ans.
» S'ils vous arrivent à l'âge de sept ans, ils devront consacrer *trois ans* à
» leur instruction primaire, *quatre ans* à leur instruction intermédiaire, *quatre*
» *ans* à leur instruction secondaire, c'est-à-dire *onze ans* au plus à leur ins-
» truction de collége.
» Vos classes seront en général d'une heure, et celles dans lesquelles l'ex-
» périmentation joue un certain rôle dureront une heure et demie; cette durée
» est suffisante pour que l'attention des élèves reste constamment en éveil et
» pour qu'elle ne soit pas fatiguée.
» En outre, chacune de vos classes doit être toujours suivie d'une récréa-
» tion d'au moins dix minutes, ce qui donne aux élèves le temps de prendre
» un peu l'air et de se reposer.
» Par une plus sage répartition du travail dans les classes, vous pourrez
» gagner au moins une heure et demie par jour sur les classes et sur les de-
» voirs qui doivent se faire en dehors d'elles. Cette économie d'une heure et
» demie profitera pour vos élèves au travail trop négligé chez nous du jeu et
» de l'exercice corporel.
» La gymnastique, les jeux, doivent, en effet, occuper une place importante
» dans votre système d'éducation, parce que si l'intelligence se fortifie en
» s'exerçant, le corps ne peut se développer d'une manière normale qu'autant
» qu'on lui impose à certaines heures des exercices disciplinés.
» D'ailleurs, l'esprit lui-même gagne à ce que le corps accomplisse réguliè-
» ment ses fonctions. La gymnastique est donc un devoir en même temps qu'un
» délassement hygiénique. Votre installation sous ce rapport donne une idée
» de l'importance que vous attachez à cette branche de l'éducation.
» Sous la pression chaque jour plus forte de l'opinion publique et pour com-
» bler la lacune que tout le monde déplore à l'égard des langues vivantes, il
» vous faudra donner à cette étude toute l'attention qu'elle mérite. — C'est
» surtout dans le jeune âge, où les organes sont souples et dociles, où l'esprit
» d'imitation est si actif, que les langues vivantes s'apprennent avec le plus
» de facilité. Voilà pourquoi vous devez en faire commencer l'étude à vos
» élèves dès le début de leur éducation.
» Pénétré de cette idée que les sciences physiques et naturelles ne peuvent
» être l'objet d'une étude sérieuse qu'à la condition non-seulement de prati-
» quer devant les élèves toutes les expériences sur lesquelles se fonde la
» partie des sciences qu'il s'agit de leur enseigner, mais, en outre, de leur
» faire exécuter par eux-mêmes toutes les manipulations essentielles à leur
» intelligence, vous devrez doter l'école, mettre, pour ainsi dire, à la disposi-
» tion des élèves des collections scientifiques de toute sorte, une bibliothèque,
» des cabinets de physique et d'histoire naturelle, des laboratoires aussi com

» plets que possible, des portefeuilles garnis de dessins variés, des ateliers pour
» l'exécution des modèles de l'école, de vastes jardins où ils pourront faire, tout
» à la fois, de la botanique et de la culture.

» En outre, grâce à la munificence d'un grand nombre d'industriels, il vous
» sera facile de fonder à l'Ecole un musée technologique, qui se composera
» des matières premières employées dans les arts et manufactures, des pro-
» duits obtenus à l'aide de ces matières, et des échantillons caractéristiques
» des principales transformations qu'il y a lieu de signaler à l'attention des
» élèves pendant la durée du travail pratiqué dans les usines. »

CONCLUSION GÉNÉRALE

Nous venons de voir, par tout ce qui précède, combien est urgente la réforme que j'ai le projet de réaliser en fondant l'Etablissement du Vésinet, et
à quel point toutes les questions d'éducation et d'enseignement préoccupent
les meilleurs esprits.

Cette urgence ressort de toutes les publications qui paraissent chaque jour
dans des volumes, des brochures, des articles de journaux; et si je n'ai cité
que les rapports officiels de M. Baudouin, de MM. Demogeot et Montucci, les
ouvrages de M. Hippeau, la brochure de M. Rohart, c'est que, forcé d'être
court afin d'être lu par le plus grand nombre, j'ai dû restreindre mon cadre
autant que possible.

Je ne puis toutefois, pour montrer à quel point sont mûres aujourd'hui
toutes les questions qui touchent à l'enseignement, passer sous silence la
réforme que poursuit, avec tant de succès depuis plusieurs années, M. Godart,
dans son école Monge, à Paris, ainsi que l'association qui s'est formée autour
de cette école pour l'étude permanente de tous les perfectionnements à apporter aux méthodes d'éducation.

Cette association, qui comprend des noms considérables dans l'enseignement,
l'industrie et le commerce, rendra de grands services à notre pays et,
l'Etablissement du Vésinet, naissant au milieu de toutes ces lumières,
n'aura qu'à les approprier à la direction qu'elle entend donner à son enseignement.

Les moyens dont notre école disposera, lui permettront d'embrasser dans
toute son étendue la culture de l'homme, jusques et y compris l'enseignement
supérieur; aussi ai-je insisté sur la nécessité de donner au développement des
qualités physiques et morales de l'enfant, une part prépondérante dans son
éducation.

J'ai prouvé, je crois que les classes libérales devront désormais posséder
à un égal degré les sciences, les lois de la production et les humanités, sous
peine de voir s'amoindrir chaque jour et disparaître leur influence.

L'étude pédagogique de ces questions capitales a démontré que ces résultats
pouvaient être obtenus sans augmenter le nombre des années consacrées actuellement à suivre les classes des lycées et des collèges. Il restera à examiner, toutefois, si cette étude, basée sur les programmes de l'enseignement
spécial, ne devra pas subir quelques modifications dans son application, pour
donner, dans l'intérêt des intelligences les mieux douées, dans celui de la
société tout entière, une place plus large à l'étude des langues anciennes et
des chefs-d'œuvre de l'antiquité, car j'ai appris par ma propre pratique des
hommes de science appliquées, que c'est encore parmi ceux qui ont fait leurs
humanités qu'on trouve les plus capables.

On a vu enfin combien l'éducation aurait à gagner par le système tutorial qui, en supprimant l'internat et sa discipline, délivrerait l'enfant d'une contrainte plus mécanique que morale.

Cette discipline militaire, qui est malheureusement une nécessité des internats nombreux, règle tout, même les consciences; aussi, obtient-elle à peine l'obéissance passive qui ne fait naître ni développer le sentiment du devoir et produit souvent l'effet tout opposé; sa suppression est donc une chose très désirable, car loin de faire des hommes elle ne peut qu'amoindrir et fausser les caractères.

C'est dans les familles écolières, comme je l'ai dit plus haut, que les parents choisiront en toute liberté, afin de ne confier la direction de leurs enfants qu'à des tuteurs dont les croyances et les idées seront en rapport avec les leurs, que se donnera l'instruction religieuse pour laquelle, dans l'organisation générale de l'école, chaque communion trouvera toutes les ressources qu'elle pourra désirer.

L'homme si faible par sa force physique, si puissant par sa force morale, doit posséder, pour donner à cette force toute son expansion : *le respect de Dieu, de lui-même et des autres, le sentiment très prononcé du devoir et de la responsabilité, l'horreur du mensonge et de la duplicité qui sont la plaie de notre époque, le respect des lois de son pays, le culte de la famille, le savoir-vivre;* il lui faut aussi *la volonté, l'énergie, la ténacité, l'esprit d'observation, le savoir-faire.*

Pour cheminer dans la vie il a bien plus besoin de toutes ces qualités effectives et positives que de science; aussi l'éducation qui, tôt ou tard, devra tout primer chez nous à l'exemple de l'Angleterre et de l'Amérique, doit tendre constamment à les lui faire acquérir, et le système tutorial qui, sans exclure la règle, habitue l'enfant à la respecter, moins par la crainte du châtiment que par le sentiment du devoir et de la responsabilité, est incontestablement le plus propre à produire ce résultat; l'expérience est au surplus là pour le prouver.

Ce n'est donc pas sans raison que, plaçant l'art de faire des hommes au-dessus de l'art de les instruire, j'ai fait de l'éducation, ainsi que je ne saurais trop le répéter, la base de la réforme que j'ai en vue.

Pour accomplir cette réforme, l'Etablissement du Vésinet apportera dans le choix des tuteurs une très grande prudence et une clairvoyance toute particulière. Elle recherchera en eux les qualités qui doivent être exigées d'un éducateur et surtout, l'esprit d'apostolat sans lequel rien ne se fait complétement bien.

Ces hommes modestes, qui ne se sont voués à aucune spécialité, mais dont l'esprit philosophique s'est habitué à considérer les hommes et les choses dans les hautes généralités, ne sont pas toujours faciles à trouver, on les rencontre partout, mais ils ne se trouvent dans aucune catégorie déterminée, parce qu'ils n'appartiennent à aucun corps. Toutefois, ils se révèleront d'eux-mêmes, si on sait attacher à la fonction de tuteur, la considération et les avantages dus aux qualités qui doivent être exigées d'eux.

Demeurant étrangers à la pédagogie qui doit toujours rester l'œuvre des professeurs, ils n'en devront pas moins participer à l'enseignement dans ses généralités, afin d'en signaler à leurs enfants les données économiques et philosophiques, et aussi afin de les habituer de bonne heure à bien voir et à bien réfléchir.

Cette sorte d'intervention des tuteurs dans l'enseignement est surtout, une œuvre d'éducation, aussi devront-ils l'exercer sous toutes ses formes.

Ils devront entre autres, chaque fois qu'ils en trouveront l'occasion, faire visiter à leurs élèves et en les commentant, les merveilles artistiques, scientifiques et industrielles que renferme la capitale; leur faire connaître encore les nouvelles découvertes qu'enfante chaque jour l'esprit humain et leur en signaler la portée économique.

Cette action salutaire que les tuteurs exerceront sans cesse sur l'esprit de leurs pupilles, leur permettra d'étudier les aptitudes et de diriger les vocations de ces enfants.

Il est un côté de l'éducation qui s'en va chaque jour s'amoindrissant, je veux parler du savoir-vivre. Ce côté de l'éducation sera l'objet d'une attention toute particulière à l'établissement du Vésinet. On apprendra, dès le bas âge, aux enfants, le culte des bonnes manières, le respect des convenances. On leur fera comprendre que la politesse est l'art de vivre en bons rapports avec ses semblables, de rendre ces rapports faciles, agréables et dût-on ne la considérer que par son côté profitable, on leur apprendra qu'elle est dans le monde ce qui coûte le moins et ce qui rapporte le plus.

La vie de famille chez les tuteurs, favorisera cette partie de l'éducation, et l'établissement principal y contribuera dans une large part, en organisant lui-même de fréquentes réunions d'agrément auxquelles seront invités les familles écolières, les parents et les amis des élèves.

Ces réunions habitueront les enfants aux bonnes manières que chacun doit apporter dans le monde, s'il veut être considéré comme un homme bien élevé. Elles auront lieu dans la salle de la gymnastique pouvant au besoin changer sa destination première pour servir, tantôt à une conférence, tantôt à un concert, tantôt à une représentation théâtrale, tantôt à une soirée.

En me déterminant à publier ces études, après plus d'une année de réflexion, à en tenter l'application à l'aide d'un établissement considérable qui exigera de grands capitaux, et dont les plans qui accompagnent cette brochure peuvent donner l'idée, je ne me suis pas dissimulé les difficultés de toute nature que j'aurais à surmonter. Je n'ai pas reculé, toutefois, devant cette énorme tâche, parce que ma conscience me dit que je dois poursuivre la réalisation d'une réforme que je crois devoir être éminemment utile, non-seulement à mon pays, mais encore aux nombreuses familles étrangères qui envoyent leurs enfants en France pour y faire ou y compléter leur éducation.

Je fais appel à tous les pères de famille, à tous les hommes qui se souviennent encore des inconvénients de l'internat et de sa discipline plus mécanique que paternelle, à tous ceux qui veulent, avant tout, faire des hommes au profit des familles et de la société tout entière, à tous ceux enfin que dirige l'amour du bien.

Si cet appel est entendu, comme me le font espérer les encouragements qui m'ont été prodigués par les nombreuses personnes éclairées qui ont lu la première édition de cette brochure, je ferai partie d'une légion qui accomplira une grande œuvre; si surtout, comme cela ne paraît pas douteux, j'ai le bonheur de voir venir à moi quelques grands esprits, comme il y en a tant en France, qui m'aideront de leurs lumières et de leurs encouragements.

Dans le cas contraire, je resterai avec le sentiment du devoir accompli et la consolation d'avoir doté mon pays d'un projet qui, tôt ou tard, se réalisera sous une forme ou sous une autre, car la France ne peut rester éternellement pliée sous le joug d'une éducation publique si incomplète et si contraire au développement de sa force et de sa prospérité.

Le Vésinet (Seine-et-Oise.)

A. PALLU.

Paris. — Charles SCHILLER, imprimeur breveté, Faubourg-Montmartre, 10.

SURFACE GÉNÉRALE DU VÉSINET
450 hectares.

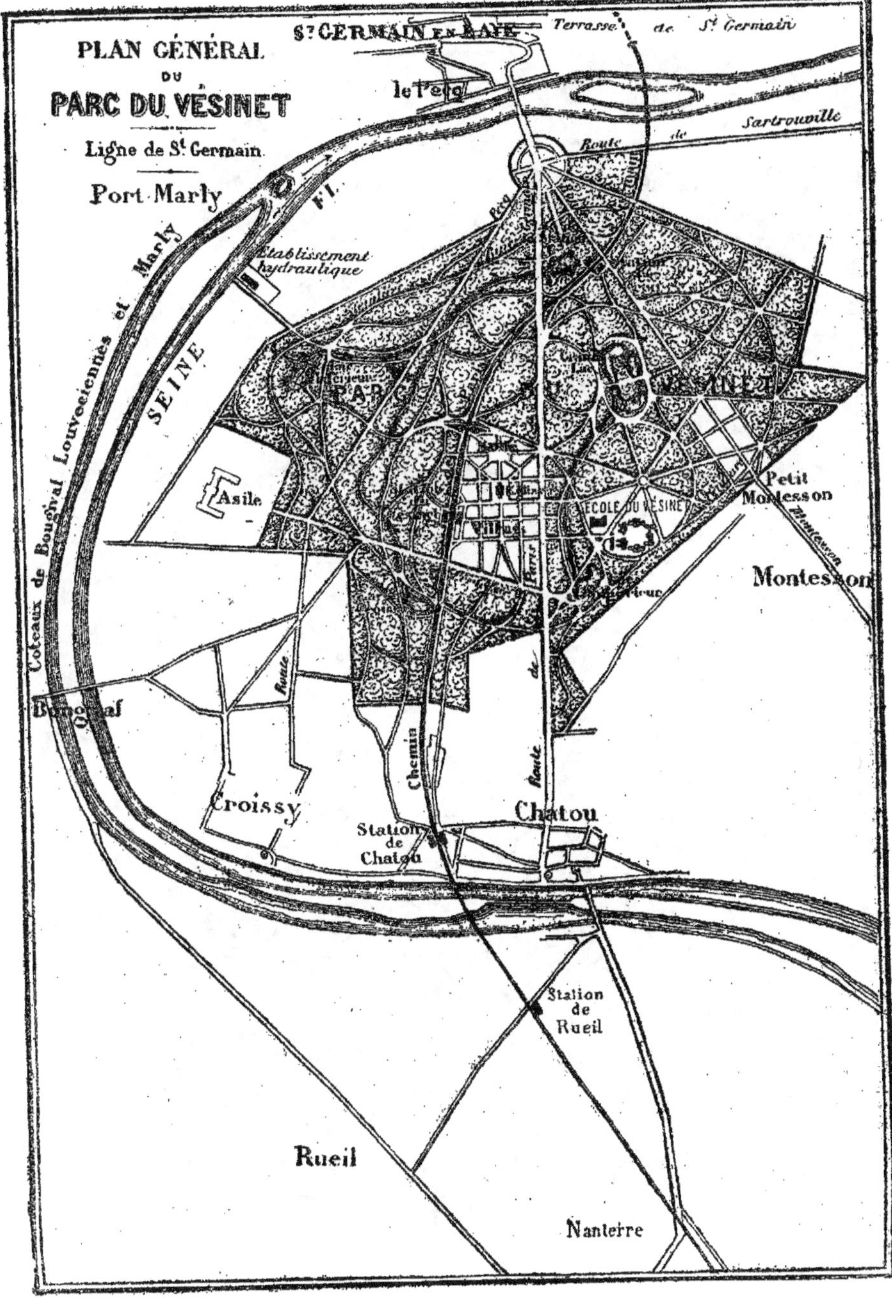

PLAN D'ENSEMBLE DE L'ÉCOLE PROJETÉE DU VÉSINET
Avec Villas écolières et terrains environnants.

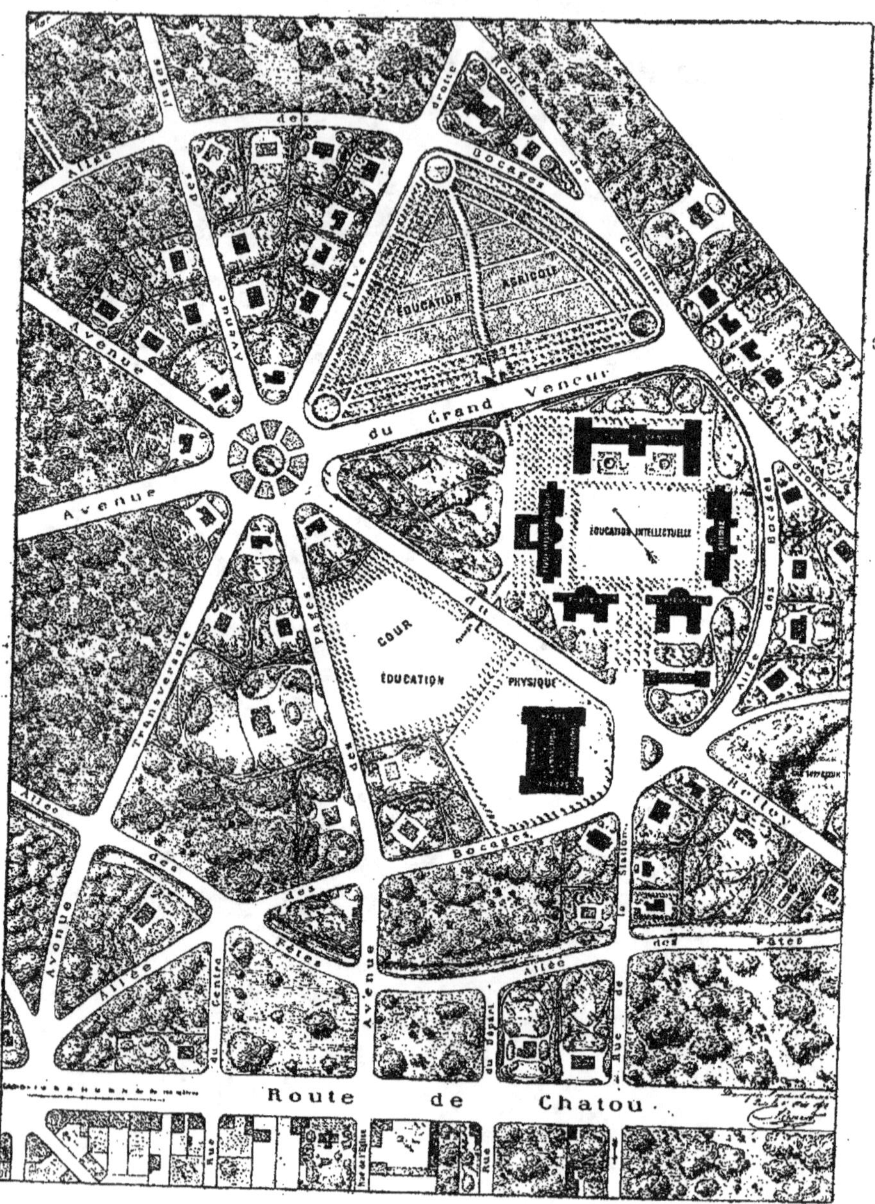

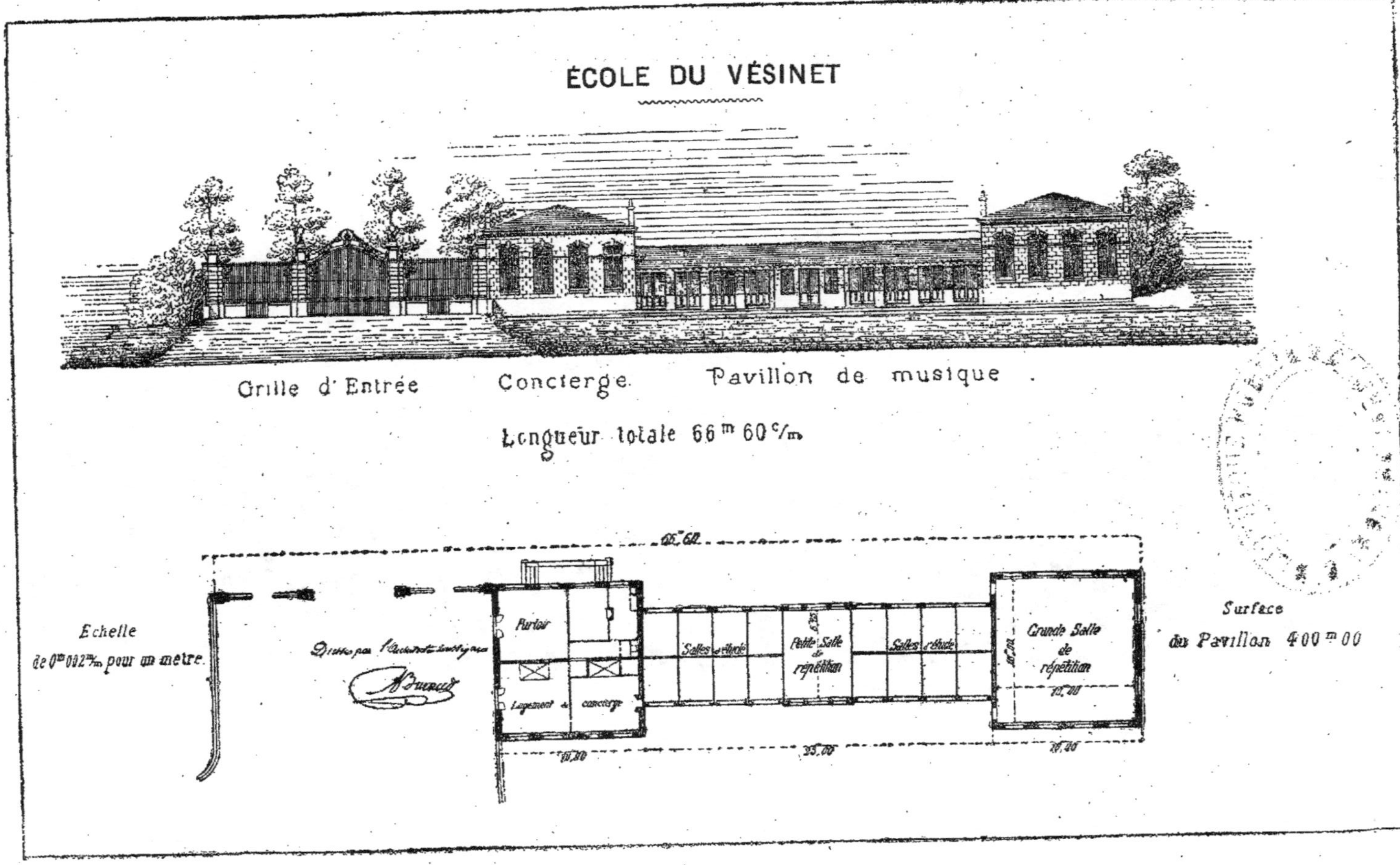
ÉCOLE DU VÉSINET
Grille d'Entrée
Concierge
Pavillon de musique
Longueur totale 66 m 60 %m
Échelle
de 0m 002m pour un metre.
Dessiné par l'Architecte soussigné
Benoit
Parloir
Logement du concierge
Salles d'étude
Petite Salle de répétition
Salles d'étude
Grande Salle de répétition
Surface du Pavillon 400 m 00

ECOLE DU VESINET
FAÇADE DU BATIMENT CENTRAL
Observatoire. 
Longueur de la Façade 90^{m}40$^{c/m}$.

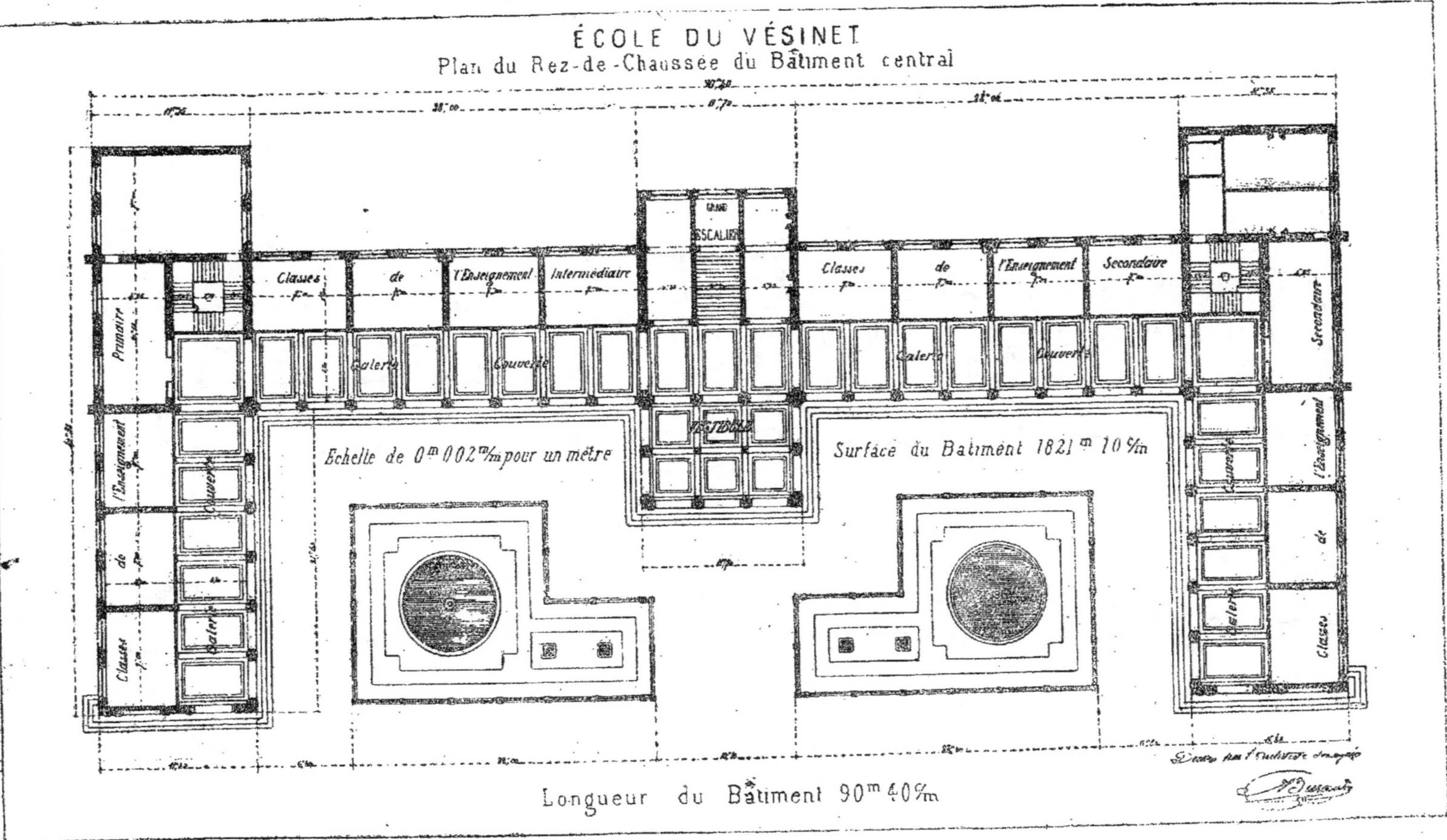
ÉCOLE DU VÉSINET
Plan du Rez-de-Chaussée du Bâtiment central
Classes de l'Enseignement Intermédiaire
Classes de l'Enseignement Secondaire
Primaire
l'Enseignement
de
Classes
Secondaire
l'Enseignement
de
Classes
Galerie
Couvert
GRAND ESCALIER
VESTIBULE
Échelle de 0m 002m/m pour un mètre
Surface du Bâtiment 1821 m 10 %m
Longueur du Bâtiment 90m 40%m
Dessin par l'Architecte soussigné

ECOLE DU VÉSINET

PLAN DU 1er ETAGE DU BATIMENT CENTRAL

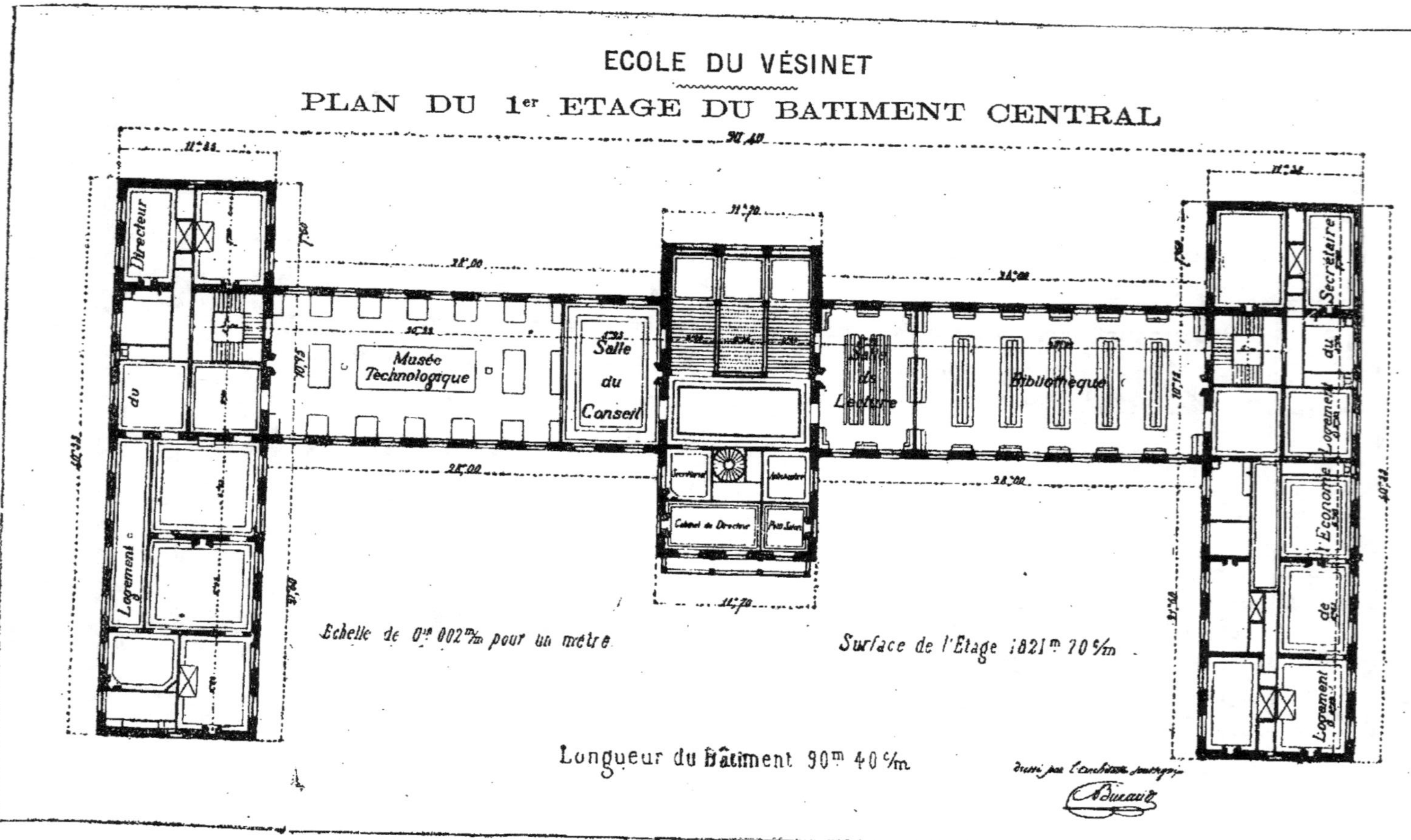

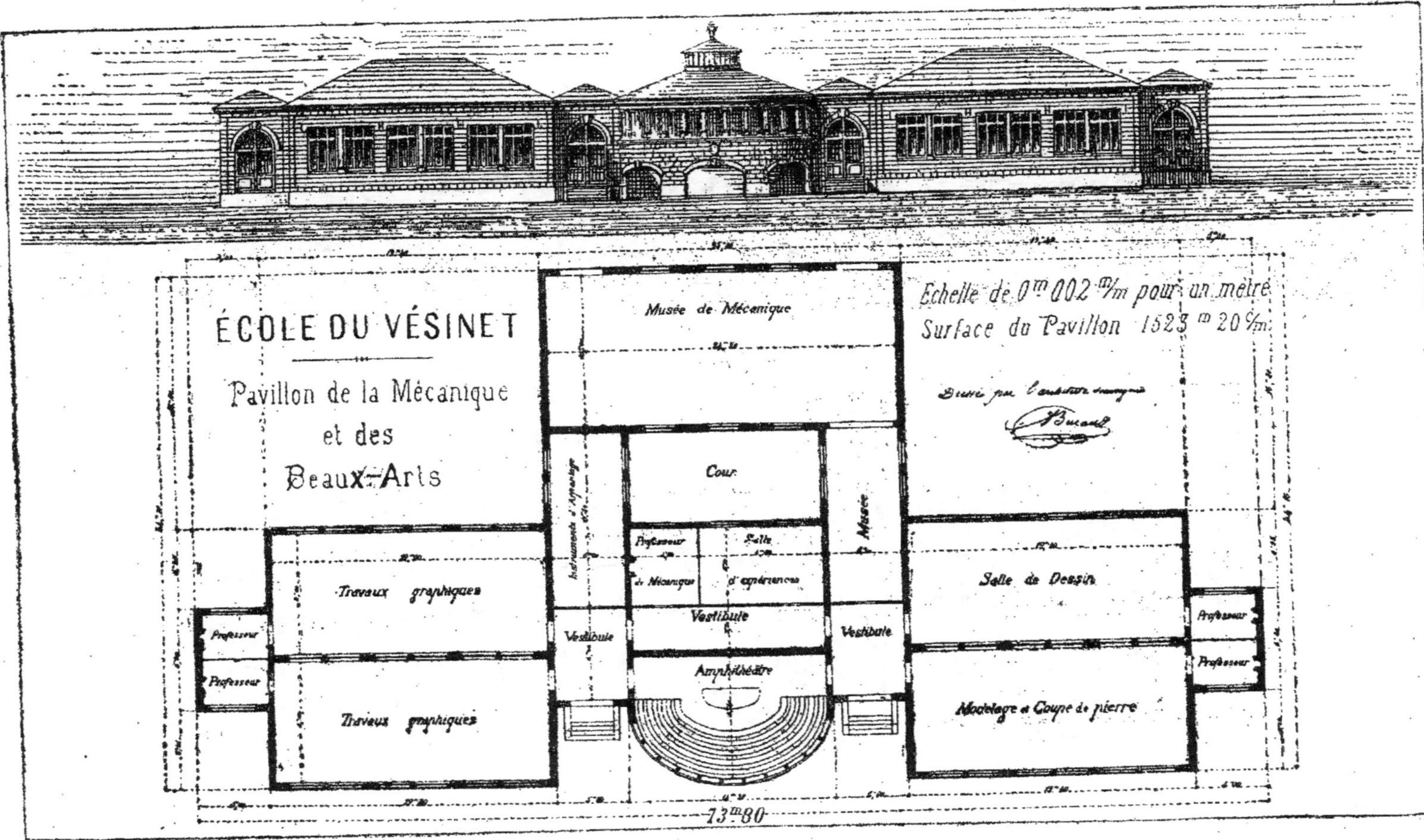

ÉCOLE DU VÉSINET
Pavillon de la Mécanique
et des
Beaux-Arts
Echelle de 0m 002 m/m pour un mètre
Surface du Pavillon 1523 m 20 c/m
Dressé par l'architecte soussigné
Musée de Mécanique
Cour
Professeur
Salle
de Mécanique
d'expériences
Instruments d'Arpentage
Vestibule
Vestibule
Vestibule
Musée
Amphithéâtre
Travaux graphiques
Travaux graphiques
Professeur
Professeur
Salle de Dessin
Modelage et Coupe de pierre
Professeur
Professeur
73m80

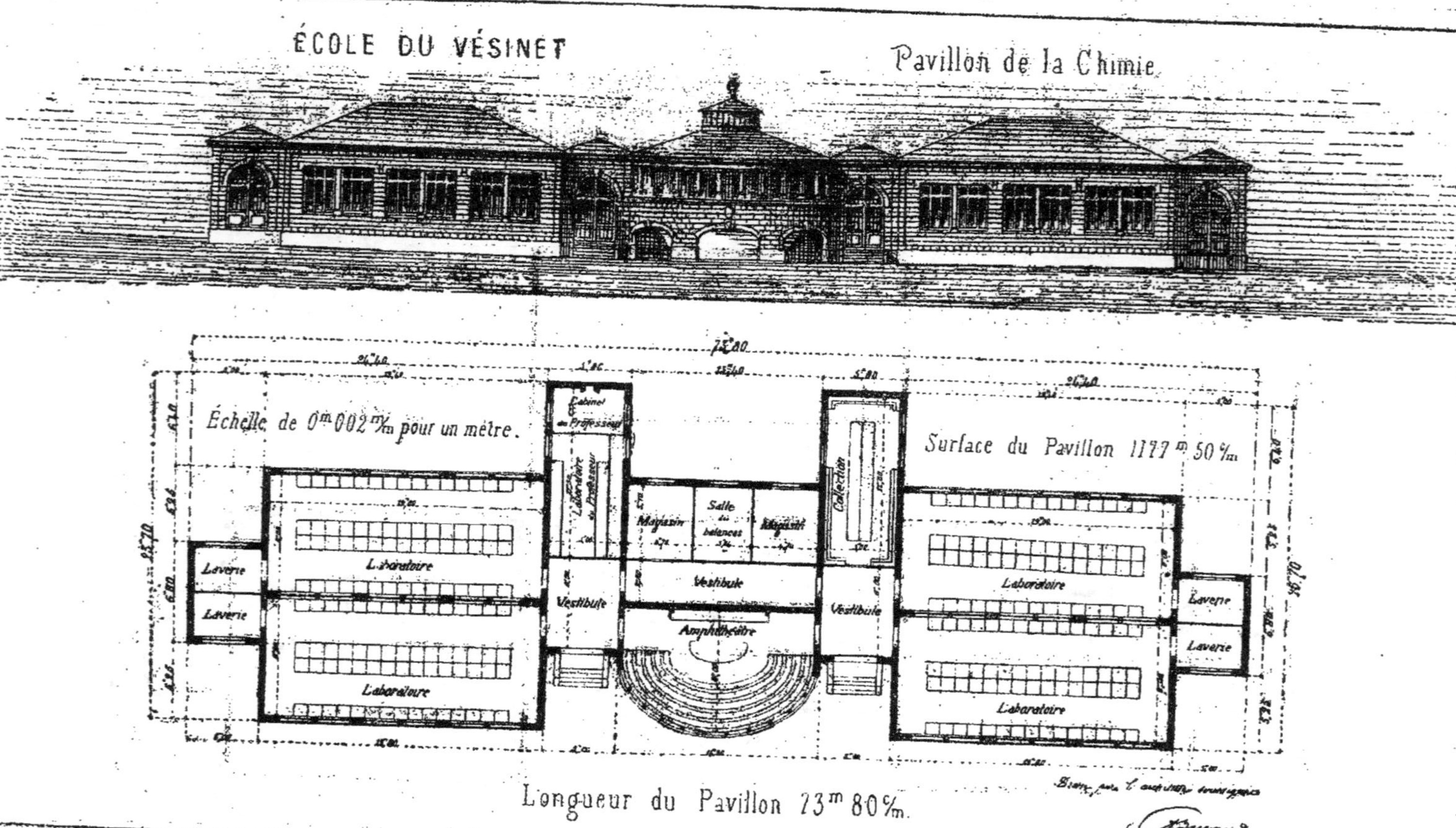

ÉCOLE DU VÉSINET
Pavillon de la Chimie
Échelle de 0m 002m/m pour un mètre.
Surface du Pavillon 1177 m 50 %m
Laverie
Laverie
Laboratoire
Laboratoire
Vestibule
Cabinet du Professeur
Laboratoire du Professeur
Magasin
Salle des balances
Magasin
Collection
Vestibule
Vestibule
Amphithéâtre
Laboratoire
Laboratoire
Laverie
Laverie
Longueur du Pavillon 73m 80%m.

ÉCOLE DU VÉSINET

PAVILLON DE LA PHYSIQUE

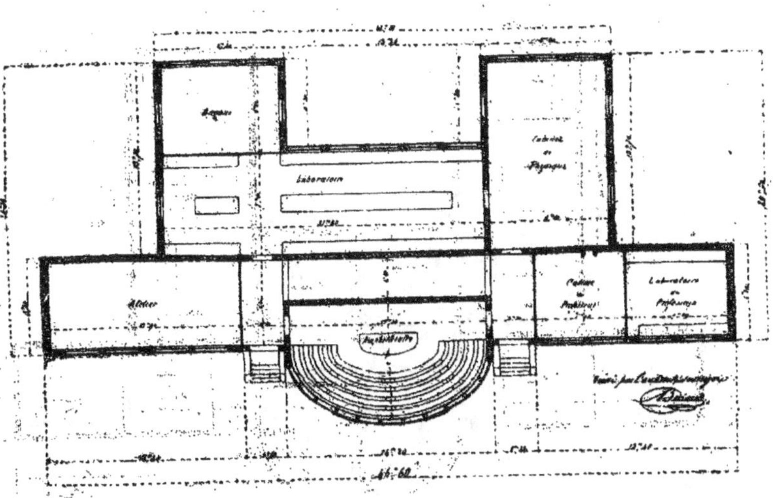

ECOLE DU VÉSINET

PAVILLON DE L'HISTOIRE NATURELLE

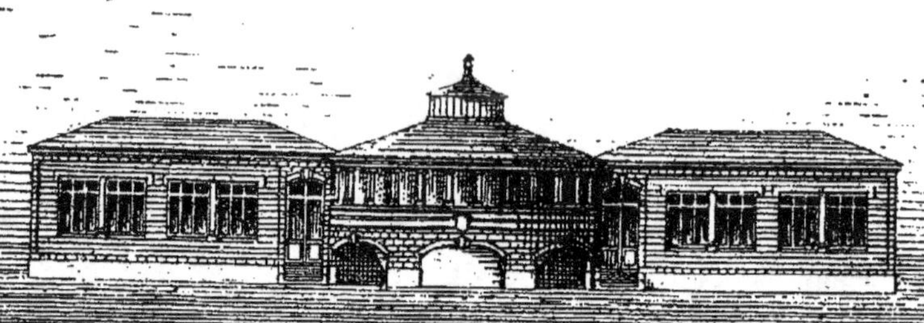

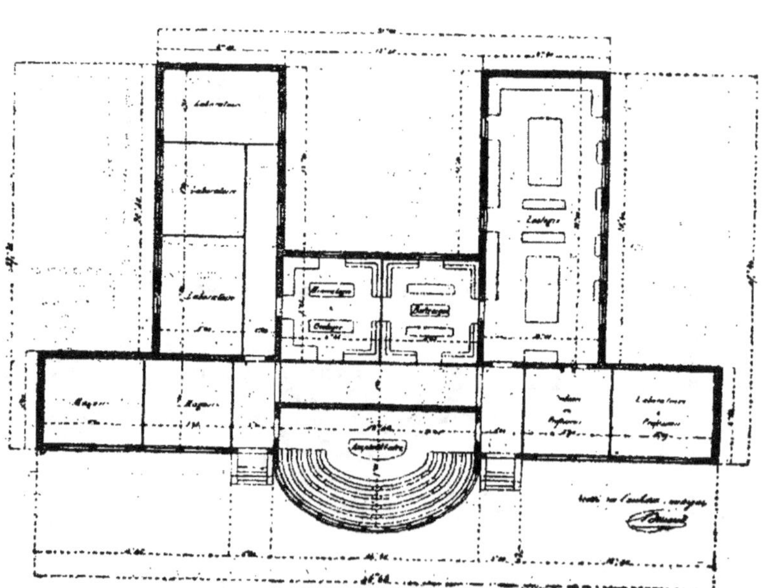

Longueur du Pavillon 46ᵐ 60ᶜ

Echelle de 0ᵐ 002ᵐᵐ pour un mètre   Surface du Pavillon 833ᵗ 60ᶜⁱᵐ .

ÉCOLE DU VÉSINET
FAÇADE DU PAVILLON DE GYMNASTIQUE, MANÉGE, ATELIER, BAINS & DOUCHES
Longueur du Pavillon 62ᵐ 40 ⁰/₀ₘ.
Coupe Transversale
Dressé par l'architecte soussigné
Echelle de 0ᵐ 002ᵐ/ₘ pour un mètre

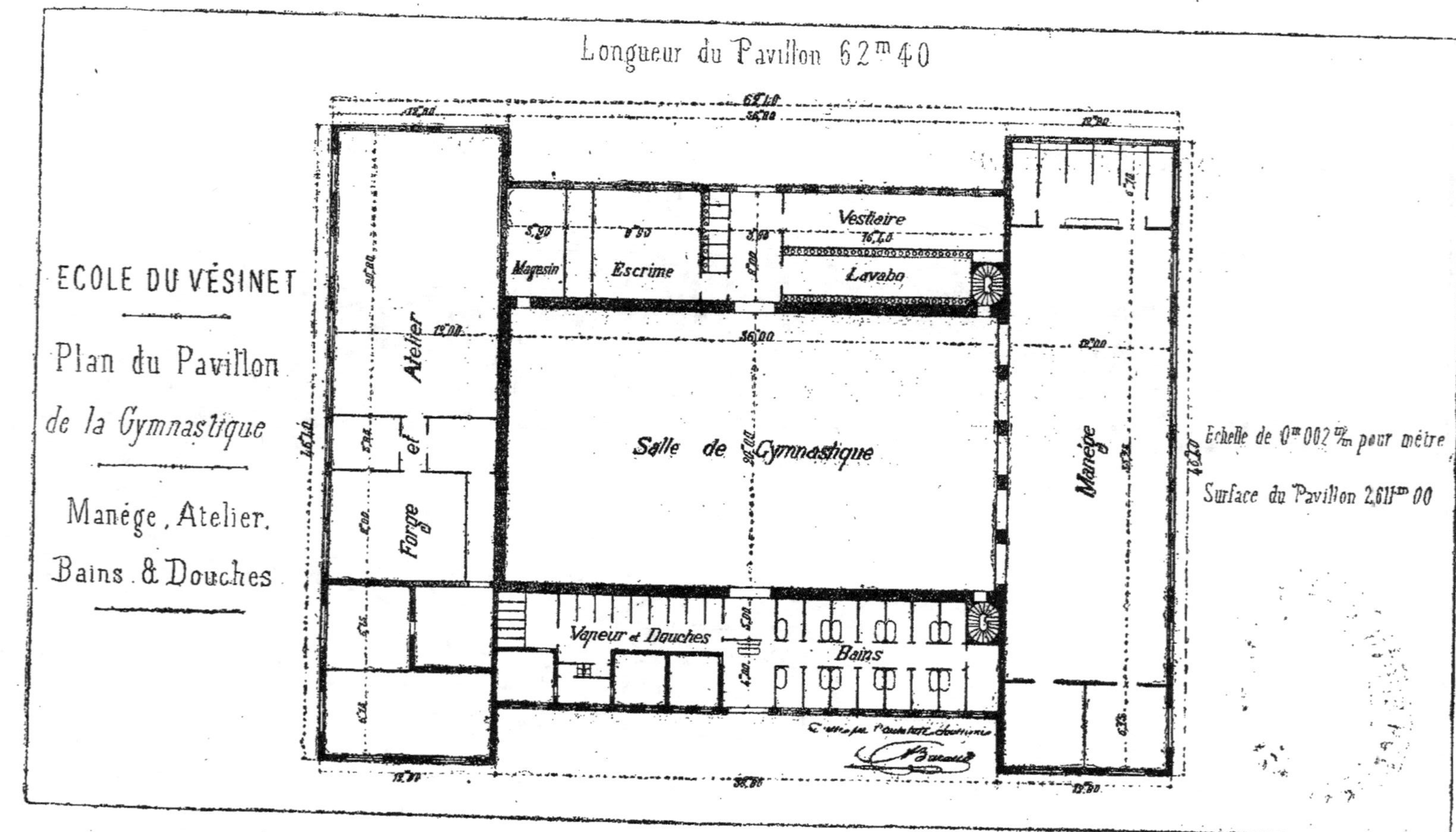

Longueur du Pavillon 62m 40
ECOLE DU VÉSINET
Plan du Pavillon
de la Gymnastique
Manége, Atelier,
Bains & Douches
Atelier
Magasin
Escrime
Vestiaire
Lavabo
Salle de Gymnastique
Forge
et
Manége
Vapeur et Douches
Bains
Echelle de 0m 002 m/m pour mètre
Surface du Pavillon 2.611m 00